utb 4961

Eine Arbeitsgemeinschaft der Verlage

Böhlau Verlag · Wien · Köln · Weimar
Verlag Barbara Budrich · Opladen · Toronto
facultas · Wien
Wilhelm Fink · Paderborn
A. Francke Verlag · Tübingen
Haupt Verlag · Bern
Verlag Julius Klinkhardt · Bad Heilbrunn
Mohr Siebeck · Tübingen
Ernst Reinhardt Verlag · München
Ferdinand Schöningh · Paderborn
Eugen Ulmer Verlag · Stuttgart
UVK Verlag · München
Vandenhoeck & Ruprecht · Göttingen
Waxmann · Münster · New York
wbv Publikation · Bielefeld

Diana Raufelder

Grundlagen schulischer Motivation

Erkenntnisse aus Psychologie, Erziehungswissenschaft und Neurowissenschaften

Verlag Barbara Budrich
Opladen & Toronto 2018

Die Autorin: Prof. Dr. Dr. Diana Raufelder hat seit Oktober 2015 den Lehrstuhl für Schulpädagogik an der Universität Greifswald inne. Dort forscht sie u.a. zur Rolle sozio-emotionaler Faktoren in schulischen Lern- und Motivationsprozessen (Projekt SELF: www.self-projekt.de) und beschäftigt sich mit reflexiven Prozessen in den Praxisphasen der Lehrerbildung (im Rahmen der Qualitätsoffensive Lehrerbildung).

Bibliografische Information der Deutschen Nationalbibliothek
Die Deutsche Nationalbibliothek verzeichnet diese Publikation in der Deutschen Nationalbibliografie; detaillierte bibliografische Daten sind im Internet über http://dnb.d-nb.de abrufbar.

Für Wolf

Gedruckt auf säurefreiem und alterungsbeständigem Papier.

www.budrich-verlag.de

utb-Bandnr. 4961
utb-ISBN 978-3-8252-4961-8

Satz: Linda Kutzki, Berlin – www.textsalz.de
Umschlaggestaltung: Atelier Reichert, Stuttgart
Titelbildnachweis: pixabay.com, GDJ
Druck: Friedrich Pustet, Regensburg
Printed in Germany

Inhaltsverzeichnis

„When I was 5 years old, my mother always told me that happiness was the key to life. When I went to school, they asked me what I wanted to be when I grew up. I wrote down ‚happy'. They told me I didn't understand the assignment, and I told them they didn't understand life."

(John Lennon)

Einleitung

Psycholog/-innen und Pädagog/-innen eint das Interesse, menschliches Verhalten verstehen, vorhersagen und/oder beeinflussen zu wollen. Oder mit anderen Worten: Wir sind bestrebt zu verstehen, warum Menschen sich so verhalten, wie sie sich verhalten. Dieser Frage immanent ist das Konzept der Motivation, da Motivation als internaler Zustand definiert (äquivalent auch als physiologisches oder psychologisches Bedürfnis oder Begehren beschrieben) wird, der dazu dient, ein bestimmtes Verhalten zu aktivieren bzw. den nötigen Antrieb für ein bestimmtes Verhalten zu geben, um zu erreichen, was ersehnt und erwünscht wird (vgl. Kleinginna & Kleinginna, 1981). Etymologisch betrachtet, stammt das Wort von *movere* (Lateinisch: sich bewegen) ab, im Englischen kennen wir das Verb *to move*. Demzufolge kann man unter Motivation auch den Grund verstehen, aus dem wir uns bewegen und bewegen lassen (Holodynski & Oerter, 2008). Neben Bedürfnissen und Kognition spielen dabei auch Emotionen eine zentrale Rolle: Sie können als Grundlage oder Antrieb von Motivation verstanden werden, insofern Menschen motiviert sind, positive Emotionen zu erfahren und negative zu vermeiden. Oder, wie Reeve (1996) zusammenfassend schreibt:

> „*Motivation involves the internal processes that give behavior its energy and direction. Motivation originates from a variety of sources (needs, cognitions and emotions) and these internal processes energize behaviour in multiple ways such as starting, sustaining, intensifying, focusing, and stopping it*“ (S. 2).

Übergeordnet könnte man auch fragen, weshalb wächst die Blume, streckt sich dem Licht entgegen und blüht? Und das Fohlen auf der Weide, das lustige Sprünge macht um seine Mutter herum, warum macht es das? Es hat den Anschein, dass alles auf der Welt aus sich heraus einen Antrieb hat, zu wachsen und im Fall der Blume der Sonne entgegenzustreben. Das Leben selbst strebt ins Freie, will atmen und sich nach allen Richtungen ausstrecken.

Aber oft stößt es auf Widerstände, die es umgehen oder überwinden muss: Andere Formen des Lebens, die auch ihren Raum suchen, schränken es ein. Es bedarf Strategien, um den eigenen Lebensraum zu erhalten oder sogar zu vergrößern. Alle Tier- und Pflanzenarten haben solche Strategien im Laufe der Evolution erworben, auch der Mensch. Aber er hat darüber hinaus kognitive Fähigkeiten entwickelt, die ihn in seinen Möglichkeiten flexibler machen. Er kann Erfahrungen machen, sie auswerten und so sein Handlungsspektrum erweitern. Der Goldfisch kann das nicht.

Sucht man nach dem Motiv für menschliches Handeln, so muss man die Frage, weshalb der Mensch etwas tut und nicht einfach nichts, gar nicht stellen. Der ursprüngliche Antrieb, etwas zu tun, ist tief in uns Menschen verwurzelt und will sich Bahn brechen, wo immer er kann – warum auch immer. Wo der Antrieb aber auf Widerstand stößt, wird er eine „schicksalhafte Wendung" erfahren, er kann sich, wie Freud schrieb, ins Gegenteil, sogar gegen das eigene Ich, wenden, verdrängt oder sublimiert werden. In jedem Fall aber wird er Modifikationen erfahren, denn da ist ja eine Umwelt, die nicht allen alle Freiheiten gewähren kann. Folglich ist es unsere Aufgabe, die äußeren Bedingungen so zu gestalten, dass der Trieb zu handeln, die Energie, die hinter der Motivation steckt, erhalten bleibt und so gelenkt wird, dass sie dem handelnden Individuum nutzt und möglichst den anderen auch. Es geht also darum, diese Energie zu erhalten und ihr zugleich Richtung zu geben. Aber häufig erreichen wir leider das Gegenteil, indem wir den natürlichen Impuls unterdrücken, anstatt ihn zu nutzen. Und dann müssen wir mühsam versuchen, über äußere Anreize wieder neue Impulse und damit eine neue motivationale Struktur zu schaffen.

In diesem Buch möchte ich einen kurzen Überblick über die Antworten geben, die Forscher/-innen auf Fragen geben, die sich in diesem Zusammenhang gestellt haben. Die meisten theoretischen Ansätze in der Motivationsforschung stimmen in der Annahme überein, dass Motivation in der Ausführung aller erlernter Reaktionen involviert ist (Saha, 2006). Oder anders gesagt, gelerntes Verhalten wird nicht auftreten, solange es nicht aktiviert/motiviert wurde. Hier schließt sich auch die kritische Frage an, ob Motivation eine primäre oder sekundäre Einflussgröße von Verhalten darstellt: Erklären Konzepte der Motivation Verhalten besser als dispositionale und ökologische Einflussgrößen – wie zum Beispiel Gedächtnis, Wahrnehmung, kognitive Entwicklung, Emotionen und Persönlichkeit (Huitt, 2001)? Bis heute gibt es keine einheitliche Antwort auf diese Frage. Was man aber mit Sicherheit weiß, ist die Tatsache, dass Motivation eines der bedeutendsten psychologischen Konzepte im Schulkontext ist. Wie die lange Tradition der Motivationsforschung zeigt, steht Motivation (insbesondere Lern- und Leistungsmotivation) in Zusammenhang mit verschiedenen schulrelevanten Aspekten wie Wissbegierde, Lernen, Ausdauer und Leistung (vgl. Deci & Ryan, 1985), was ihre Bedeutung für die Schulpsychologie, die Pädagogische Psychologie, aber auch für die Erziehungswissenschaften, Lehrer/-innen, Schüler/-innen und Eltern unterstreicht.

Das vorliegende Buch thematisiert deshalb im ersten Kapitel zunächst die Ursprünge der Motivationsforschung, bevor im zweiten Kapitel ein Überblick über die gängigsten Motivationstheorien gegeben wird, um anschließend im dritten Kapitel gezielt auf die Motivationsverläufe in Kindheit und Adoleszenz eingehen zu können. Es hat dabei nicht den Anspruch, umfassendes Wissen, wie bereits hervorragend in existierenden Handbüchern zu finden, wiederzugeben. Vielmehr werden in komprimierter Form zentrale Aspekte der Motivationsforschung in ihrer Bedeutung für Motivation im Schulkontext herausgearbeitet und den Leser/-innen zur Verfügung gestellt. Entsprechend werden im vierten Kapitel auch sozio-kontextuelle Einflussgrößen schulischer Motivation thematisiert und diskutiert, schließlich spielen Eltern, Peers und Lehrer/-innen keine unerhebliche Rolle, wenn es darum geht, Kinder für schulische Inhalte zu begeistern. Man könnte auch sagen: Motivation braucht Beziehung. Dieser Aspekt wird gerade auch durch die jüngsten Erkenntnisse der neurowissenschaftlichen Forschung gestützt, die das Belohnungs- und Motivationszentrum im Gehirn identifiziert haben. Deshalb widmet sich das fünfte Kapitel dieses Buches neurowissenschaftlichen Ansätzen, ohne dabei mögliche schulpraktische Implikationen aus der Hirnforschung außer Acht zu lassen. Abschließend werden im sechsten Kapitel mögliche lebensweltliche und schulpraktische Ansatzpunkte skizziert, die helfen sollen, unsere Motivation zu bewahren oder neu zu finden, damit wir wie die Blume, die sich dem Licht entgegenstreckt, und das Fohlen, das auf der Weide fröhlich um seine Mutter umherspringt, oder das Kleinkind, das jeden Tag wie ein Meer an neuen Möglichkeiten erlebt, unsere Motivation aus unserem Innersten heraus schöpfen können.

1. Ursprünge und Anfänge der Motivationsforschung

Im folgenden Kapitel werden zunächst die gängigsten Motivationstheorien vorgestellt, die sich im Laufe des letzten Jahrhunderts entwickelt haben und die das Feld der Motivationsforschung bis heute dominieren. Den Anfang der modernen Motivationsforschung bilden dabei die frühen Bedürfnis-Theorien, die sich maßgeblich aus den Arbeiten von Darwin, Lewin und Freud[1] entwickelt haben.

1.1 Bedürfnis-Theorien der Motivation

Auf den ersten Blick mag es überraschen, dass die frühe Motivationsforschung durch die Arbeiten Darwins initiiert wurde. Stellt man jedoch die Frage nach den Grundbedürfnissen, die das menschliche Überleben garantieren, und die Frage nach dem Antrieb für das Verhalten, das das Überleben sichern soll, wird der Zusammenhang schnell ersichtlich – am deutlichsten anhand der Instinkt-Theorie der Motivation von William McDougall.

William McDougall: Instinkt-Theorie der Motivation

Obwohl McDougall (1871–1938) *Instinkte* und nicht Motive als Ansatzpunkt seiner Theorie wählte, kann er trotzdem als Begründer der modernen Motivationsforschung gelten, insofern er als Erster versuchte, alles menschliche Verhalten auf Motivdispositionen zurückzuführen, die er jedoch mit dem Instinktbegriff erklärt. Das entspricht durchaus dem Geist der Zeit, da die gebräuchlichste Bezeichnung

---

[1] In den Bedürfnistheorien berücksichtigen die meisten Vertreter/-innen Lewins Forderung, Verhalten stets als Wechselwirkungsprodukt von Person und Situation zu verstehen. Freuds Triebtheorie brachte das Unbewusste in die Motivationsforschung, d. h., die Einsicht, dass den Menschen die Antriebe für ihr Verhalten nicht immer bewusst sind. Sie kommen stattdessen in Phantasien und Situationsinterpretationen zum Ausdruck (siehe Murrays Entwicklung des TAT).

für Motivdispositionen (seit Darwin) zunächst der Begriff Instinkt (bzw. der durch Freud inspirierte Trieb) und nicht (wie später) der Begriff Motiv war. Entsprechend wird Instinkt von McDougall auch als genetisch verankerte Verhaltensdisposition definiert, die Lebewesen befähigt, ohne Einsicht und ohne vorherige Erfahrungsmöglichkeit der Umwelt angepasste Verhaltensweisen zu zeigen. Mit dem Instinkt als Erklärungsgrundlage allen Verhaltens nahm McDougall eine radikale Positionierung vor, die auch als Initiierung der großen Instinktdebatte[2] in den 1920er Jahren verstanden werden kann. Bei McDougall ist alles Verhalten zielgerichtet (teleologisch), d. h., der Mensch wird angetrieben, weil er zukünftige Zielzustände erreichen will. William McDougall schreibt dem Instinkt dabei eine antreibende und steuernde Funktion zu, dem eine Abfolge von drei prädisponierten Prozessen zugrunde liegt: Der angeborene Instinkt bestimmt (1) die Akzentuierung der Wahrnehmung (kognitiv). D. h., der Mensch nimmt in Abhängigkeit von besonderen Zuständen des Organismus seine Umwelt selektiv wahr (z. B. bei Durst erhöhte Aufmerksamkeit für Trinkbares). Diese selektive Wahrnehmung führt zu (2) bestimmten emotionalen Erregungszuständen (affektiv). Dieser emotionale Impuls gilt im Sinne McDougalls als Kernstück des Instinkts, weil er die angeborene und unveränderliche Komponente des Instinkts verkörpert. Die emotionale Erregung führt dann wiederum zu (3) einer bestimmten Tendenz zu handeln (konativ). D. h., der Mensch richtet seine Aktivität in Hinblick auf die Zielerreichung aus (z. B. Fluchtverhalten bei Angsterleben). Zusammenfassend lässt sich sagen, dass jedem instinktiven

---

2 Die Instinktdebatte (auch bekannt als Watson-McDougall-Debatte) bewegte sich um die zentrale Frage, ob Verhalten ein Resultat angeborener Impulse (durch McDougalls Theorie initiiert) oder vorangegangenen Lernens ist (Behaviorismus). Die Kritik gegenüber dem Instinktbegriff führte in gewisser Weise zu einer radikalen Formulierung des behavioristischen „Lagers", demzufolge alles Verhalten auf einfache Reflexe und Lernprozesse zurückgeführt werden kann (vgl. Watson & McDougall, 1929). Die Debatte hatte schließlich einen intensiven Anstieg empirisch experimenteller Forschung zur Beantwortung dieser Frage zur Folge, die in den dreißiger Jahren des letzten Jahrhunderts einsetzte.

Verhalten ein Erkennen von etwas, ein Gefühl demgegenüber und ein Streben zu oder weg davon zugrunde liegt (McDougall, 1908). Während die emotionale Komponente als unveränderlich (weil angeboren) verstanden wird, sind jeweils die kognitive und konative Komponente unter entsprechenden lebensgeschichtlichen Erfahrungen des Individuums veränderbar. Damit wird McDougall der Vielschichtigkeit und Plastizität menschlichen Verhaltens gerecht, die letztlich auf eine begrenzte Anzahl von Instinkten zurückzuführen ist. McDougalls Theorie liegt zunächst eine Liste von 7 (McDougall, 1908) (vgl. Tab. 1) und später 18 (McDougall, 1932) Hauptinstinkten (die Anzahl von sogenannten Nebeninstinkten variierte stark) mit entsprechend zugeordneten Emotionen zugrunde, wobei nicht jedem Instinkt immer eine klare Emotion zugeordnet werden konnte.

Tab. 1: McDougalls ursprüngliche Hauptinstinktliste inkl. Emotionen (vgl. McDougall, 1908)

INSTINKT	**EMOTION**
Flucht	Furcht
Abwehr	Ekel
Neugier	Interesse
Kampf	Ärger
Dominanz/Selbstbehauptung	Stolz
Unterordnung/Erniedrigung	Unterwürfigkeit
Elterninstinkt	Zärtlichkeit

Da der Begriff „Instinkt" zunehmend in die Kritik geriet und zu dem Missverständnis führte, das Verhalten sei weitestgehend durch angeborene Dispositionen bestimmt, verwendete McDougall in seinem Spätwerk (1932) den Begriff *propensity* (Neigung) anstelle von Instinkt. Durch den seiner Theorie immanenten Aspekt der Veränderbarkeit (der kognitiven und konativen Komponente) hatte er sich längst vom starren Instinktbegriff im Sinne Darwins entfernt. Lediglich die Emotion als Kernstück des Instinkts wird bei McDougall als angeboren deklariert. Entsprechend ist der Begriff *propensity* (Neigung) in seinem Spätwerk treffender gewählt.

Die häufigste Kritik (abgesehen von der generellen Instinktdebatte, die auch als Watson-McDougall-Debatte[3] in die Geschichte der Psychologie eingegangen ist; vgl. Watson & McDougall, 1929) setzt eben bei diesen Listen an, die als unvollständig und willkürlich deklariert werden (Kuo, 1921; Tolman, 1923; vgl. Petri & Govern, 2004). Dies mag auch dem Umstand geschuldet sein, dass weitere Forscher zur gleichen Zeit andere Instinktlisten erstellten, die in Länge und Form stark differierten, so dass kein einheitliches Konzept entstehen konnte, das überzeugte. Es fehlte zudem an empirischen Ergebnissen, die McDougalls Theorie bekräftigt hätten. Stattdessen baute seine Theorie auf einem schwachen Zirkelschluss auf, indem McDougall von beobachtetem Verhalten auf den Instinkt schloss und mit dem Instinkt wiederum das Verhalten zu erklären suchte. Es darf aber nicht vergessen werden, dass McDougall mit der Frage nach den Eigenschaften eines Motivs (auch wenn noch nicht explizit der Begriff Motiv verwendet wird) und der Klassifikation von Motiven zu Recht als Wegbereiter der modernen Motivationsforschung gelten kann.

---

3 Während Watson ein strenger Verfechter des Behavorismus war und dementsprechend jegliches menschliche Verhalten auf Reiz-Reaktions-Schemata zurückführte, gab McDougall zu bedenken, dass der Mensch nicht nur ein Bewusstsein besitzt, sondern auch sensorische und wahrnehmende Erfahrungen mache. Seiner Meinung nach schließt der Watsonsche Behaviorismus (durch die Reduzierung auf Reiz-Reaktions-Schemata und die deterministische Kontrolle der Umwelt) Konzepte wie den freien Willen und Wahlmöglichkeiten per se aus. Die 1925 gestartete Watson-McDougall-Debatte erreichte so viel Aufmerksamkeit, dass sie 1929 in Co-Autorenschaft der beiden Wissenschaftler publiziert wurde (vgl. Watson & McDougall, 1929).

Henry Murray: Persönlichkeitspsychologischer Ansatz

Durch Henry Murray (1893–1988) wurde erstmals der Begriff des *Motivs* in die Motivationsforschung und Persönlichkeitspsychologie eingeführt. Seit Murray werden Motivationskonzepte immer wieder zur Beschreibung der Persönlichkeit verwendet, da sie u. a. als theoretische Erklärung von Verhaltensunterschieden fungieren können. Mit Murrays 1938 erschienener Persönlichkeitstheorie („Explorations in Personality") beginnt auch die Erforschung der Leistungsmotivation.

Was McDougall noch als Instinkt und später als Neigung beschreibt, wird bei Murray erstmals als *need* (Bedürfnis) beschrieben. Dabei unterscheidet er primäre („viszerogene") und sekundäre („psychogene") Bedürfnisse des Menschen, denen eine hierarchische Ordnung zugrunde liegt. Die primären Bedürfnisse beziehen sich in erster Linie auf organische Vorgänge (wie Hunger, Durst etc.), die angeboren sind. Charakteristisch für sie ist ein zyklisches oder regulatorisches Auftreten. Als sekundäre Bedürfnisse nennt Murray zunächst Leistung (*achievement*), Zugehörigkeit (*affiliation*) und Unabhängigkeit (*autonomy*), die der Mensch erst im Laufe seiner individuellen Entwicklung erwirbt. Hier lassen sich deutliche Parallelen zu Deci und Ryans Selbstbestimmungstheorie erkennen (siehe auch 1.3; Deci & Ryan, 1985).

Die hierarchische Struktur der Bedürfnisse regelt dabei die Erfüllung der Bedürfnisse: Wenn beispielsweise zwei unvereinbare Bedürfnisse auftreten, wird das stärkere Bedürfnis zuerst erfüllt. Dabei berücksichtigt Murray – in der Tradition von Lewin – nicht nur personale, sondern auch Umwelt-Faktoren. Zielgerichtetes Verhalten wird Murray zufolge durch Bedürfnisse in der Person (*needs*) und Handlungsgelegenheit in der Umwelt (*presses*) erklärt. Dabei treten *needs* und *presses* – im Verständnis von Murray – nicht offen zutage, d. h. sie sind nicht beobachtbar (und damit empirisch schwer fassbar), sondern vielmehr hypothetische Konstrukte. Sie lassen sich lediglich aus dem gezeigten Verhalten und diesem Verhalten zugrundeliegenden Effekten rekonstruieren. Während die *needs* einer Person sich auf den zu erreichenden Zielzustand konzentrieren, sind mit *presses* alle Möglichkeiten gemeint, die eine Situation bietet. Die Bezeichnung *press* (Druck, Eindruck) beschreibt das Gefühl der Einwirkung der Umwelt auf das Individuum.

Das Objekt (Umwelt) übt insofern Druck auf das Individuum aus, als es in der Lage ist, das Wohlbefinden einer Person – in welcher Weise auch immer – zu beeinflussen. Für Murray ist Motivation demnach ein Produkt der kombinierten Wirkung von persönlichen Bedürfnissen (*needs*) und Charakteristika der Umwelt (*presses*), das sich aus einer fortwährenden Kette episodenhafter Person-Umwelt-Interaktionen ergibt. Durch die Berücksichtigung dieser Person-Umwelt-Interaktionen überwindet Murray die frühen Ansätze, die Motivation als reine Eigenschaft ansahen und in denen menschliches Handeln lediglich auf dispositionelle Personenfaktoren zurückgeführt wurde (vgl. Meece, Glienke, & Askew, 2009).

Im weiteren Verlauf seiner Arbeit galt Murrays Bestreben der empirischen Erforschung von Bedürfnissen und der Erstellung einer differenzierteren Liste verschiedenartiger Bedürfnisse, da für ihn im Bedürfniskonzept der Schlüssel zur Persönlichkeitsforschung lag. Dabei leitete ihn die Annahme, dass sich der Mensch im Laufe seiner Entwicklung – neben den primären angeborenen Bedürfnissen – die bereits oben erwähnten sekundären Bedürfnisse aneignet (erlernt), wobei diese von Individuum zu Individuum unterschiedlich ausgeprägt sein können. Diese unterschiedliche Ausprägung der verschiedenen Bedürfnisse bzw. die unterschiedliche Bedürfnishierarchie, die von Individuum zu Individuum variieren kann, soll als Erklärungsgrundlage für interindividuelle Unterschiede in der Persönlichkeit von Erwachsenen dienen. Um seine Annahmen empirisch zu untermauern, untersuchte Murray mit seinen Mitarbeiter/-innen halbjährlich 50 psychisch gesunde, männliche Collegestudenten über mehrere Jahre hinweg (im Längsschnitt). Dabei bediente er sich verschiedener Testverfahren und Designs: Interviews, schriftliche Lebensläufe, Kindheitserinnerungen, Anspruchsniveaus und Gedächtnisexperimente wurden mit den von mehreren Mitarbeiter/-innen erstellten Beobachtungen des Verhaltens der Probanden in verschiedenen lebensnahen Szenarien in Einklang gebracht, um die jeweils stärker ausgeprägten Motive der einzelnen Probanden zu identifizieren. Dabei mussten die Probanden nach mehreren Testläufen ihre Eindrücke, Gefühle und ihr Erleben von den Testleiter/-innen und den Testsituationen schildern. Abschließend diskutierten die Wissenschaftler/-innen alle erhobenen Informationen zu jedem Probanden zusammenfassend und erstellten ein umfassendes Persönlichkeitsbild. Anhand der Befunde dieser längsschnittlichen Untersuchungen wurde schließlich ein Begriffsapparat von 13 viszerogenen (primären) und 20 psychogenen (sekundären) Bedürfnissen entwickelt, verfeinert, und stetig überprüft (siehe Tab. 2).

Tab. 2: Murrays Katalog von psychogenen (sekundären) Bedürfnissen (vgl. Heckhausen, 1980/1989)

BEDÜRFNIS	DEUTSCHE ÜBERSETZUNG
1. Abasement (n Aba)	Erniedrigung
2. Achievement (n Ach)	Leistung
3. Affiliation (n Aff)	Sozialer Anschluss
4. Aggression (n Agg)	Aggression
5. Autonomy (n Auto)	Unabhängigkeit
6. Counteraction (n Cnt)	Widerständigkeit
7. Deference (n Def)	Unterwürfigkeit
8. Defendance (n Dfd)	Selbstgerechtigkeit
9. Dominance (n Dom)	Machtausübung
10. Exhibition (n Exh)	Selbstdarstellung
11. Harmavoidance (n Harm)	Leidvermeidung
12. Inavoidance (n Inf)	Misserfolgsmeidung
13. Nurturance (n Nur)	Fürsorglichkeit
14. Order (n Ord)	Ordnung
15. Play (n Play)	Spiel
16. Rejection (n Rej)	Zurückweisung
17. Sentience (n Sen)	Sinnhaftigkeit
18. Sex (n Sex)	Sexualität
19. Succorance (n Suc)	Hilfesuchen (Abhängigkeit)
20. Understanding (n Und)	Verstehen (Einsicht)

Anmerkung: n=need; alphabetisch geordnet

Besonders Murrays Beschreibung des Leistungsbedürfnisses (*achievement*) ist wegbereitend für die späteren Arbeiten zum Leistungsmotiv von McClelland und Atkinson (McClelland, 1955, 1961; Atkinson, 1957, 1964), das für das Verstehen und Erfassen schulischer Motivationsprozesse bis heute relevant ist.

Abschließend darf auch Murrays Entwicklung des Thematischen Apperzeptionstests (TAT) nicht unerwähnt bleiben, der später von McClelland weiterentwickelt wurde. Mit diesem Test war es erstmals möglich, die Wechselwirkung zwischen *need* und *press*, ihre thematische Verschränkung, die Murray als Thema (*theme*) bezeichnet, valide zu erfassen. Den Probanden werden im TAT einzelne Bildvorlagen gezeigt, die soziale Situationen darstellen, anhand derer sie – unter gezielter inhaltlicher Anregung – Fantasiegeschichten entwerfen sollen, die dann akribisch in Hinblick auf Bedürfnis, *press* und Thema mittels Punktvergabe analysiert werden. Der Test basiert auf Freuds Abwehrmechanismus „Projektion", d. h. man geht davon aus, dass die Probanden die eigenen Bedürfnisse in das Handeln ihrer Mitmenschen (Bildvorlage) hineininterpretieren. Entsprechend werden beispielsweise Probanden mit einem stark ausgeprägten Leistungsmotiv viel Leistungsbezogenes in die Bildvorlage hineindeuten. Die sich aus Murrays Arbeiten ergebende Unterscheidung von impliziten und expliziten Leistungsmotiven wird an späterer Stelle noch ausführlich thematisiert (siehe Kapitel 1.3). Zunächst gilt unsere Aufmerksamkeit der historischen Entwicklung früher Motivationsforschung, die maßgeblich auch durch die Arbeiten Maslows beeinflusst wurde.

Abraham Maslow: Bedürfnishierarchie

Abraham Maslow (1908–1970) erweiterte McDougalls und Murrays Bedürfnissystem, indem er postulierte, dass den Bedürfnissen eine noch stärkere hierarchische Struktur zugrunde liegt als in Murrays Unterscheidung von primären und sekundären Bedürfnissen. Obwohl Maslow selbst nie eine Pyramide zur Veranschaulichung seiner hierarchisch strukturierten Bedürfnisse verwendet hat, wurde sein hierarchisches System der Bedürfnisse als Pyramide berühmt (siehe Abbildung 1). Am Boden der Pyramide sind die fundamentalen Bedürfnisse verankert, wohingegen an der Spitze das Bedürfnis der Selbstverwirklichung steht. Insgesamt unterscheidet Maslow fünf Bedürfnismuster, die die Entwicklung menschlicher Motivation durch (1) physiologische Bedürfnisse, (2) Sicherheit, (3) soziale Zugehörigkeit und Liebe, (4) Wertschätzung und (5) Selbstverwirklichung bedingen.

Abb. 1: Maslows Bedürfnishierarchie (in Anlehnung an Maslow, 1943)

Quelle: Eigene Darstellung

Die fünf Bedürfnisklassen werden in zwei Gruppen differenziert: Defizitbedürfnisse und Wachstumsbedürfnisse. Die Defizitbedürfnisse (oft als d-Bedürfnisse abgekürzt) umfassen dabei die unteren vier Ebenen der Pyramide, die Wachstumsbedürfnisse die oberen zwei Ebenen. Wie anhand der Abbildung gut zu erkennen ist, ist die Ebene der Wertschätzung (ICH Bedürfnisse) eine Art Zwischenstufe, die sowohl zu den Defizit- als auch zu den Wachstumsbedürfnissen gezählt werden kann. Der Theorie liegt der Gedanke zugrunde, dass zuerst die niederen Grundbedürfnisse erfüllt sein müssen, bevor die Bedürfnisse, die weiter oben in der Hierarchie verankert sind, aufkommen (van Raaij & Wandwossen, 1978). Um Menschen zu beschreiben, die über die Grundbedürfnisse hinaus nach Wachstum und konstanter Verbesserung streben, hat Maslow den Begriff Metamotivation geprägt

(Goble, 1970). In den 1960er Jahren – kurz vor seinem Tod – hat Maslow seinem Modell noch eine weitere Stufe hinzugefügt, so dass an der Spitze der Pyramide die „Transzendenz" im Sinne der Suche nach Gott rangiert. D. h., das Individuum strebt nach einer Dimension, die das eigene Selbst überschreitet, was mit Maslows Hinwendung von der humanistischen zur transpersonalen Psychologie einhergeht.

Kritik erfuhr Maslows Theorie vor allem in Hinblick auf die Anordnung und Verteilung der Hierarchie. So haben Wabba und Brudwell (1976) nur wenige Hinweise darauf gefunden, dass die Bedürfnisse überhaupt eine hierarchische Struktur haben. Hofstede (1984) beschreibt die Hierarchie als ethnozentristisch, insofern Unterschiede in sozialen und intellektuellen Bedürfnissen zwischen sogenannten individualistischen und kollektivistischen Gesellschaften nicht berücksichtigt werden (Cianci & Gambrel, 2003). Auch der Wert und die Position von Sex in der Hierarchie wurden jüngst infrage gestellt, da dieser als physiologisches Bedürfnis in einer Reihe mit Essen, Atmen und Schlaf genannt wird (Kenrick, Griskevicius, Neuberg, & Schaller, 2010). Der Theorie zufolge müsste erst das Bedürfnis nach Sex gestillt werden, bevor eine Person eine höhere Ebene der Motivation erreichen kann.

Trotz dieser Kritikpunkte war Maslows Theorie der Bedürfnisse wegweisend und hat weitere bedürfnisorientierte Theorien wie die Zwei-Faktoren-Theorie Herzbergs und die ***E****xistence,* ***R****elatedness and* ***G****rowth* -Theorie (ERG) Alderfers inspiriert, die im Folgenden skizziert werden.

Clayton Alderfer: ERG-Theorie

Clayton Alderfer (*1940) stimmt grundsätzlich mit Maslows Idee der Grundbedürfnisse überein, allerdings ist er der Meinung, dass sich die Bedürfnisklassen in Maslows Ansatz willkürlich überlappen und deshalb ungeeignet sind, menschliche Motivation abzubilden und zu erklären. Entsprechend fasst er die fünf von Maslow hierarchisch angeordneten Bedürfnisklassen zu drei Bedürfnisklassen zusammen, die in stetigem Zusammenhang stehen, keiner *starren unidirektionalen* hierarchischen Struktur (Rangordnung) unterliegen und die der Theorie, die explizit für Akteure in Organisationen konzipiert wurde, ihren Namen geben: (1) Existenzbedürfnisse (***E**xistence needs*), (2) Beziehungsbedürfnisse (***R**elatedness needs*) und (3) Wachstumsbedürfnisse (***G**rowth needs*). Die Klasse der Existenzbedürfnisse umfasst physiologische Aspekte (z. B. Essen, Trinken, Schlaf), aber auch finanzielle (z. B. Lohn) und nichtfinanzielle Belohnung (z. B. Sicherheit, Zuhause). Soziale Bedürfnisse des Menschen (z. B. Zugehörigkeit, Zuneigung, Achtung, Wertschätzung, Kontakt, Prestige) finden sich in der Klasse der Beziehungsbedürfnisse. Die dritte Bedürfnisklasse bezieht sich auf persönliches Wachstum, Selbstverwirklichung, Entfaltung, aber auch Produktivität.

Anhand dieser drei Bedürfnisklassen leitet Alderfer in seiner ERG-Theorie vier Dominanzhypothesen ab, die als zentrale Prinzipien über die Beziehung zwischen Motivaktivierung und Bedürfnisbefriedigung verstanden werden können (Neuberger, 1974):

(1) Frustrations-Hypothese: Ein nicht befriedigtes Bedürfnis wird dominant.

(2) Frustrations-Regressions-Hypothese (in Anlehnung an Freud): Kann ein Bedürfnis nicht befriedigt werden, so wird das hierarchisch niedrigere dominant.

(3) Befriedigungs-Progressions-Hypothese (entspricht Maslows Ansatz): Durch die Befriedigung eines Bedürfnisses wird das hierarchisch höhere aktiviert.

(4) Frustrations-Progressions-Hypothese (in Anlehnung an den feldtheoretischen Ansatz Lewins): Auch ein auf Dauer nicht befriedigtes Bedürfnis kann mit der Zeit zur Persönlichkeitsentwicklung beitragen und höhere Bedürfnisse aktivieren bzw. zu höheren Anspruchsniveaus führen.

Das Zusammenspiel dieser Dominanzprinzipien wird in Abbildung 2 veranschaulicht, wobei mit der Frustrations-Regressions-Hypothese die herkömmliche Frustrations-Hypothese überwunden wird, insofern bei Nichtbefriedigung auch niedere Motivklassen dominant werden können, die leichter befriedigt werden können.

Abb. 2: Dominanzprinzipien der ERG-Theorie (vgl. Alderfer, 1969)

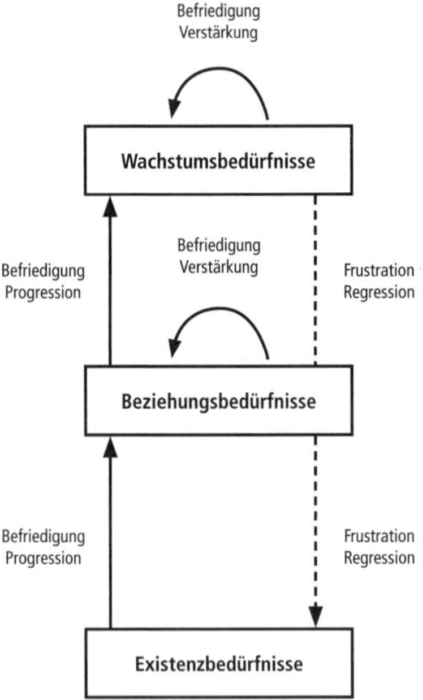

Quelle: Eigene Darstellung

Wendet man diese vier Dominanzprinzipien auf die drei Bedürfnisklassen an, lassen sich – Alderfers Frühwerk (1969) zufolge – zunächst sieben Grundaussagen (*propositions*) zu den Befriedigungen und zur Aktivierung der Bedürfnisse treffen. Besonders in diesen Aussagen (Alderfer, 1969) kommt die Differenzierung zu Maslows „einfacher" Hierarchie, derzufolge die Grundbedürfnisse sukzessive dominant werden, zum Ausdruck:

(1) Je weniger die Existenzbedürfnisse befriedigt sind, desto stärker werden sie empfunden. (Bezieht sich auf Frustrations-Hypothese)

(2) Je weniger die Beziehungsbedürfnisse befriedigt sind, desto stärker werden die Existenzbedürfnisse empfunden. (Bezieht sich auf Frustrations-Regressions-Hypothese)

(3) Je mehr die Existenzbedürfnisse befriedigt sind, desto stärker werden die Beziehungsbedürfnisse empfunden. (Bezieht sich auf Befriedigungs-Progressions-Hypothese)
(4) Je weniger die Beziehungsbedürfnisse befriedigt sind, desto stärker werden sie empfunden. (Bezieht sich auf Frustrations-Hypothese)
(5) Je weniger die Wachstumsbedürfnisse befriedigt sind, desto stärker werden die Beziehungsbedürfnisse empfunden. (Bezieht sich auf Frustrations-Regressions-Hypothese)
(6) Je mehr die Beziehungsbedürfnisse befriedigt sind, desto stärker werden die Wachstumsbedürfnisse empfunden. (Bezieht sich auf Befriedigungs-Progressions-Hypothese)
(7) Je mehr die Wachstumsbedürfnisse befriedigt sind, desto stärker werden sie empfunden. (Bezieht sich auf die Frustrations-Progressions-Hypothese)

Das Zusammenspiel dieser sieben Aussagen wird in der folgenden Abbildung aus Alderfers Originalarbeit (1969) verdeutlicht, wobei p für die sieben *propositions* steht:

Abb. 3: Diagramm der ERG-Theorie (vgl. Alderfer, 1969: S. 149)

Nichtbefriedigung		Begehrensstärke		Befriedigung
unerfülltes Existenzbedürfnis	p1	Existenzbegehren		erfülltes Existenzbedürfnis
	p2		p3	
unerfülltes Beziehungsbedürfnis	p4	Beziehungsbegehren		erfülltes Beziehungsbedürfnis
	p5		p6	
unerfülltes Wachstumsbedürfnis		Wachstumsbegehren	p7	erfülltes Wachstumsbedürfnis

Quelle: Eigene Darstellung nach Alderfer

Wie das Diagramm verdeutlicht kann letztlich jedes Begehren (*desire*) durch verschiedene Formen der Befriedigung (*satisfaction*) beeinflusst werden. Im Umkehrschluss kann jede Form der Befriedigung mehr als eine Form des Begehrens beeinflussen (Alderfer, 1969).

Diese sieben Grundaussagen konnten durch empirische Untersuchungen mit verschiedenen Stichproben (Manager, Nicht-Manager, Studierende und Angestellte) allerdings nicht vollständig verifiziert werden. Insbesondere die Annahmen 3 und 5 konnten empirisch nicht untermauert werden. Zudem gab es teils divergierende Ergebnisse, woraufhin Alderfer mögliche Faktoren zur Erklärung dieser Diskrepanzen identifizierte, anhand derer er insbesondere die Formulierung der Grundaussagen 2, 4, 6 und 7 überarbeitete (vgl. Alderfer, Kaplan, & Smith, 1974).

Man hat Alderfer zugutegehalten, dass seine drei Bedürfnisklassen (entgegen der fünf Klassen von Maslow) überschneidungsfrei definiert sind und dass er in seiner Theorie die einfache Hierarchiehypothese von Maslow durch das oben skizzierte Hypothesengeflecht zu spezifizieren sucht. Die flexiblere Anordnung der Klassen wird von einigen Wissenschaftlern als Vorteil gegenüber Maslows Pyramide gewertet, andere kritisieren das Modell – aus eben diesem Grund – als konzeptlos und zu allgemein gehalten. Obwohl empirische Untersuchungen mit 110 Angestellten einer New Yorker Bank (Alderfer, 1969) eher die Ableitungen aus Alderfers Theorie als die aus Maslows Modell bestätigten (vgl. Linder, 2007), ist es Alderfer mit seiner ERG-Theorie jedoch nicht gelungen, aus dem Schatten Maslows herauszutreten (vgl. Rosenstiel, 2001). Zudem wurden seine Ergebnisse durch das spätere ERG-Modell von Salancik und Pfeffer (1977) relativiert. Die ERG-Theorie findet heute vor allem in der Arbeits- und Organisationspsychologie Anwendung, wenn es um die Bedürfnisse von Mitarbeiter/-innen in Unternehmen geht. Dabei hat Alderfer das wichtige Konzept von Motivation und Demotivation in der Befriedigung der Bedürfnisse in den Diskurs der Motivationsforschung eingebracht: Durch die Berücksichtigung von Aufstieg *und* Abstieg in den Bedürfniskategorien wird neben der Motivation auch erstmals Demotivation erklärbar (Alderfer, 1972; vgl. Drumm, 2005).

In der Traditionslinie der Arbeitsmotivation ist auch Herzbergs Zwei-Faktoren-Theorie zu verankern, die im Folgenden skizziert wird.

Frederick Herzberg: Zwei-Faktoren-Theorie

Wie der Name der Theorie bereits vermuten lässt, unterscheidet Frederick Herzberg (*1923–†2000) – ähnlich wie Maslow – zwei Einflussgrößen: Defizitmotive (Hygienefaktoren) und Wachstumsmotive (Motivatoren). Seine Theorie basiert auf der 1959 durchgeführten Pittsburgh-Studie mit 200 Angestellten (Buchhaltern und Ingenieuren). Ähnlich dem Vorgehen Murrays, ermittelte Herzberg mit seinen Mitarbeitern das Erleben von angenehmen und unangenehmen Arbeitssituationen ihrer Probanden mittels semi-standardisierter Fragen (Eine Beispiel-Frage lautete: „Erinnern Sie sich an eine Zeit, zu der Sie bei Ihrer jetzigen Arbeit oder einer anderen Arbeit, die Sie je hatten, außergewöhnlich zufrieden (oder außergewöhnlich unzufrieden) waren. Erzählen Sie mir, was sich ereignet hat."). Die Schilderungen der Probanden wurden dann anhand von 16 Kriterien in Hinblick auf ihre Auswirkung auf Arbeitszufriedenheit und Arbeitsunzufriedenheit kategorisiert (Herzberg, Mausner, & Snyderman, 1959). Interessanterweise konnten die Wissenschaftler/-innen nur in ganz seltenen Fällen dieselben Faktoren für gute und schlechte Arbeitssituationen identifizieren, woraus Herzberg induktiv schließlich auf seine Zwei-Faktoren-Theorie der Arbeitszufriedenheit schloss: (1) Hygienefaktoren (Kontext-Faktoren) und (2) Motivatoren (Kontent-Faktoren) (Herzberg, Mausner, & Snyderman, 1959). Während die Hygienefaktoren „lediglich" Arbeitsunzufriedenheit zu vermeiden in der Lage sind, niemals aber zu Arbeitszufriedenheit führen können, kommt den Motivatoren die Erfüllung der Arbeitszufriedenheit zu. Hygienefaktoren werden auch als Kontext-Variablen bezeichnet, weil sie sich auf Randbedingungen des Arbeitsprozesses (Gehalt, Untergebene, Status, Vorgesetzte, Kolleg/innen, Führung, Unternehmenspolitik, Arbeitsbedingungen, Persönliches, Arbeitsplatzsicherheit) und damit auf *extrinsische* Motive konzentrieren. Im Gegensatz dazu lösen Motivatoren (Leistung, Anerkennung, Arbeitsinhalt, Verantwortung, Aufstieg, Entfaltung) intrasubjektives Annäherungsverhalten aus und können demzufolge als *intrinsische* Motive verstanden werden. Damit stellt Herzberg erstmals die individuellen Bedürfnisse des Arbeiters auf gleiche Stufe mit den bis dahin dominierenden Kontext-Faktoren in der Arbeitsmotivationsforschung. Entsprechend sprach Herzberg sich auch für eine stärkere Förderung und Berücksichtigung der Motivatoren aus, sowie für die Beseitigung der negativen Effekte der Hygienefaktoren (Herzberg, Mausner, & Snyderman, 1959; Herzberg, 1968).

Obwohl seine Theorie empirisch begründet war, musste sich Herzberg immer wieder der Kritik stellen, dass seine Ergebnisse nur in methodengleichen Verfahren, nicht aber mit methodenfremden Ansätzen repliziert werden konnten, was der Legitimation seiner Theorie eine starke empirische Grundlage entzog. Zudem ließen kritische Stimmen die Berücksichtigung situativer Faktoren vermissen. Obwohl Herzberger die Begründung der Methode verteidigte (Herzberg, Mausner, & Snyderman, 1959), konnten die kritischen Stimmen nicht wirklich befriedigt werden.

David McClelland: Die Anfänge der Leistungsmotivationsforschung

David McClelland (*1917–†1998) entwickelte – in Erweiterung der Ideen von Murray und Maslow – basierend auf zahlreichen empirischen Untersuchungen 1961 eine Theorie, in der nicht nur die Sozialbedürfnisse und die Entwicklungsmotive eine Rolle spielen, sondern vor allem ein ausgeprägtes Leistungsmotiv (McClelland, 1961). McClelland differenziert insgesamt drei Grundbedürfnisse, die er als Motive bezeichnet und deren Ausprägung je nach Individuum stark variiert: (1) Leistungsmotiv (*achievement*), (2) Machtmotiv (*power*), (3) Zugehörigkeitsmotiv (*affiliation*). So wird das Leistungsmotiv in Tätigkeitsbereichen aktiv, in denen ein Gütemaßstab subjektiver Qualitätsansprüche vorliegt und die affektiven Reaktionen (Stolz und Betroffenheit) auf antizipierten Erfolg (Hoffnung auf Erfolg) bzw. Misserfolg (Furcht vor Misserfolg) handlungsleitend werden. Leistung wird McClellands Theorie zufolge an subjektiven Qualitätsansprüchen gemessen, so dass Leistungsmotivation auch als Auseinandersetzung mit dem eigenen Gütemaßstab definiert wird (McClelland, 1961). D. h., Stolz etwas *persönlich* Anspruchsvolles geschafft zu haben ist als Anreiz der Zielerreichung völlig ausreichend. Im Machtmotiv sind Status und Prestige federführend, d. h., es geht darum Einfluss und Kontrolle über andere zu gewinnen und in der Hierarchie aufzusteigen. Studien zufolge zeigen Manager in Konzernen eine stark ausgeprägte Machtmotivation, die folglich in Zusammenhang mit dem Aufstieg in Konzernen steht (Winter, 2002a, 2002b). Dem Zugehörigkeitsmotiv ist das Verlangen nach freundschaftlichen, engen Beziehungen und Bindungen mit anderen Menschen immanent und die damit verbundenen Gefühle von Zugehörigkeit und Geborgenheit. Ist das Zugehörigkeitsmotiv stark ausgeprägt, dann tendieren Menschen dazu kooperative Arbeitsbeziehungen zu bilden, die ein gutes soziales Klima am Arbeitsplatz gewährleisten. Außerdem wird starker Wettbewerb vermieden: Kooperation statt Konkurrenz. Die Manager-Studie von Winter (2002a, 2002b) hat entsprechend gezeigt, dass Manager im Durchschnitt eine sehr niedrige Anschlussmotivation haben.

McClelland geht davon aus, dass jeder Mensch diese Motive besitzt, allerdings in je unterschiedlicher Ausprägung, wobei ein Motiv immer als für das Individuum charakteristisch bzw. als dominierend verstanden wird. D. h., McClelland geht in seiner Theorie erstmals explizit von starken interindividuellen Unterschieden in der menschlichen Motivation aus. Dabei unterstreicht er außerdem, dass die subjektive Bedeutung der jeweiligen Bedürfnisse auch durch kulturelle Einflussgrößen bestimmt wird. Das wird beispielsweise auch im alltäglichen Gebrauch des Begriffs der sogenannten „Leistungsgesellschaft" deutlich, die charakteristisch für die westlichen Industrieländer ist und somit auch unsere individuelle Motivausprägung maßgeblich mitbestimmt. Umgekehrt stellt dieser Motivkomplex McClelland zufolge auch einen wichtigen Faktor dar, der auf den sozialen Wandel und die Evolution von Gesellschaften wirkt. Die empirischen Studien von McClelland und Kollegen haben auch gezeigt, dass Motive keine statischen Konstrukte sind, sondern beispielsweise die Leistungsmotivation gezielt gesteigert werden kann (Miron & McClelland, 1979). Für Erziehungswissenschaftler/-innen und pädagogische Psycholog/-innen war diese Erkenntnis ein wichtiger Meilenstein, da ab diesem Zeitpunkt empirisch belegt ist, dass man von außen (z. B. als Lehrer/-in) auf die individuelle Leistungsmotivation (z. B. von Schüler/-innen) einwirken kann.

McClellands Arbeit liefert zwar noch keine Theorie, die explizit zwischen Motiv und Motivation unterscheidet, auch wenn das aus seinen Überlegungen durchaus hervorgeht – die theoretische Ausarbeitung findet sich erst in den Arbeiten Atkinsons. Nichtsdestotrotz zeugt sein Verdienst für die Motivationsforschung von stetiger Aktualität, insbesondere seine empirische und theoretische Beschäftigung mit der Identifikation intra- und interindividueller Motivunterschiede und deren Folgen auf das Motivationsgeschehen. Dabei fanden vor allem seine Arbeiten zur Analyse des motivationspsychologischen Wandels über ganze geschichtliche Epochen unter Berücksichtigung wirtschaftlicher und politischer Entwicklungen viel Beachtung (McClelland, 1961, 1975). Auch das Punktesystem in der Weiterentwicklung des TAT (siehe auch Murray), der für die Persönlichkeitsbewertung und bei der Erforschung der Erfolgsmotivation noch heute zum Einsatz kommt, ist auf McClelland zurückzuführen. Zusammen mit Atkinson gilt McClelland zu Recht als Urheber der modernen Leistungsmotivationsforschung (McClelland, Atkinson, Clark, & Lowell, 1953).

2. Schulische Motivationstheorien

2.1 Erwartungs-Wert-Theorien der Motivation

Mit den Arbeiten von Atkinson wurde nicht nur die Leistungsmotivationsforschung einen großen Schritt vorangetrieben, vielmehr wurde damit auch der Grundstein der Erwartungs-Wert-Theorien in der Motivationsforschung gelegt. Unter Erwartung-mal-Wert-Modellen versteht man generell Modelle, die Motivation anhand der subjektiven Erwartung erklären, durch ein gewisses Verhalten eine bestimmte Konsequenz herbeizuführen, und gleichzeitig den subjektiven oder objektiven Wert der Verhaltenskonsequenz berücksichtigen.

John Atkinson: Das Risiko-Wahl-Modell der Leistungsmotivation

Aufbauend auf der Theorie und den Ergebnissen McClellands konzipierte John Atkinson (*1923–†2003) das sogenannte Risiko-Wahl-Modell (1957, 1964) oder auch Erwartungs-Wert-Modell der Leistungsmotivation. Im Vergleich zu anderen frühen Theorien der Leistungsmotivation, die auf der Idee basieren, dass Leistungsmotive dispositional und damit über die Lebensspanne weitgehend stabil sind (vgl. Meece, Glienke, & Askew, 2009), geht Atkinsons Modell über Persönlichkeit und Dispositionen hinaus, insofern kognitive Bewertungen im Sinne der subjektiven Einschätzung der Erfolgserwartung (⇒ Wert) mitberücksichtigt werden. Dabei unterscheidet Atkinson grundsätzlich Erfolgs- von Misserfolgsvermeidungsmotivation (Atkinson, 1957, 1958). Während Erfolgsmotivation (oder auch Hoffnung auf Erfolg) mit der Fähigkeit einhergeht, sich stolz über eine erzielte Leistung zu fühlen, meint die Misserfolgsvermeidungsmotivation (oder auch die Angst zu versagen) eine Tendenz, Misserfolg vermeiden zu wollen, was von einem Schamgefühl bezüglich des Versagens geleitet wird. Uns allen ist dieses Risiko-Wahl-Modell bekannt, wenn wir uns an Leistungssituationen in Schule und/oder Studium erinnern. Um das Modell besser zu veranschaulichen sei hier ein kurzes fiktives Fallbeispiel skizziert:

In der 9b wird gerade eine Matheklausur geschrieben. Es sind nur noch 15 Minuten Zeit, bevor die Schüler/-innen ihre Arbeit abgeben müssen. Anna hat drei Aufgaben noch nicht bearbeitet: Eine leichte, eine mittelschwierige und eine sehr schwierige Aufgabe. Allerdings reicht die verbleibende Zeit nur noch, um eine der drei Aufgaben zu erledigen. In Anlehnung an Atkinsons Risiko-Wahl-Modell lassen sich daraus zwei Fragen ableiten:

(1) Wenn Anna erfolgsmotiviert wäre, welche Aufgabe würde sie aufgrund welcher Entscheidung bearbeiten?

Atkinson zufolge tendieren Menschen, bei denen die Erfolgsmotivation größer ist als die Misserfolgsvermeidungsmotivation, eher dazu, Aufgaben mittlerer Schwierigkeit zu wählen, die zu schaffen sind (Langens & Schüler, 2006). Mit dem Ziel sich selbst zu beweisen suchen sie aktiv nach Leistungssituationen und Feedback hinsichtlich ihrer Leistung. Folglich würde Anna die mittelschwierige Aufgabe wählen, da die Aussicht auf Erfolg bei gleichzeitiger Anerkennung dabei am größten ist.

(2) Wenn Anna misserfolgsvermeidend motiviert wäre, welche Aufgabe würde sie aufgrund welcher Entscheidung bearbeiten?

Menschen, bei denen die Misserfolgsvermeidungsmotivation überwiegt, tendieren dazu, jegliche Leistungssituation zu vermeiden und falls diese nicht zu vermeiden sind, wählen sie sehr leichte *oder* sehr schwierige Aufgaben aus. D. h., Anna würde entweder die leichte Aufgabe bearbeiten, weil sie ziemlich sicher nicht zu Misserfolg führt. Oder sie würde versuchen die sehr schwierige Aufgabe zu lösen und wenn es ihr nicht gelingen sollte, dann kann der Misserfolg external attribuiert werden, insofern es sich ja eben um eine sehr schwierige Aufgabe handelt, die generell (auch von anderen) sehr schwierig zu lösen ist (Rheinberg, 1995/2004).

An diesem Fallbeispiel wird sehr gut deutlich, dass der Wert letztlich eine Emotion ist, die das Individuum erhofft zu erleben, wenn die gesetzte Leistung auch erbracht wird. Atkinson unterstreicht dabei, dass das Individuum umso stolzer bei erbrachter Leistung ist, je geringer die Erfolgschancen sind, das anvisierte Ziel zu erreichen. Wenn wir hier also noch einmal auf unser Fallbeispiel zurückkommen, dann heißt das, dass Anna umso stolzer wäre, wenn sie sich für die schwierige Aufgabe entschieden und diese am Ende gelöst hätte und damit mehr Leistung erbracht hätte, wenn ihr dies zuvor noch nie gelungen wäre. Insgesamt ist somit das Ergebnis abhängig von der Leistungsbereitschaft und dem Leistungswillen des Einzelnen.

Leistungsmotivation ist demzufolge das Ergebnis eines Konflikts zwischen zwei Emotionen: Hoffnung auf Erfolg und Furcht vor Misserfolg. Diese seinem Modell zugrundeliegende emotionale Dynamik hat Atkinson in entsprechende Formeln transferiert, um Vorhersagen über Handlungsalternativen zu treffen: Die Wahl einer Leistungsaufgabe wird bestimmt durch die Tendenz Erfolg anzustreben (Te) und bzw. oder die Tendenz Misserfolg zu vermeiden (Tm).

Tr = Te + Tm (Tr = resultierende Tendenz)

Dabei ist die Tendenz Erfolg aufzusuchen (Te) ein Produkt aus 3 Variablen:

(1) Das Leistungsmotiv/ Erfolgsmotiv (Me) meint die Disposition einer Person, Stolz nach Erfolg zu empfinden. Mit anderen Worten, die Ausprägung des Erfolgsmotivs.

(2) Die subjektive Erwartung von Erfolg für bestimmte Aufgaben (We) umfasst die Erwartung einer Person, dass die Handlung erfolgreich zum Ziel führt. Das ist eine sogenannte situative Variable, die mittels eigener Erfahrungen erlernt wird. Diese Erwartung ist jeweils situationsspezifisch und variiert zwischen 0 und 1.

(3) Der Anreiz eines Erfolgs (Ae) meint das Gefühl des Stolzes über eine erfolgreiche Aufgabenbearbeitung, das umso größer ist, je schwieriger die Aufgabe ist. Ae liegt stets zwischen 0 und 1.

Zusammenfassend ergibt sich daraus folgende Multiplikation zur Bestimmung der Tendenz Erfolg aufzusuchen:

$Te = Me \times Ae \times We$

Auch die Tendenz Misserfolg zu vermeiden (Tm) ist Atkinsons Modell zufolge ein Produkt aus 3 Variablen:

(1) Das Misserfolgsmotiv (Mm) meint die Disposition einer Person, Scham nach Misserfolg zu empfinden. Mit anderen Worten, die Ausprägung des Misserfolgsmotivs. Damit einher geht die Angst vor Leistungsbewertungen und eine gewisse Vermeidungstendenz gegenüber Leistungssituationen.

(2) Die subjektive Wahrscheinlichkeit von Misserfolg (Wm) resultiert aus der Wahrscheinlichkeit von Erfolg, ist jeweils situationsspezifisch und variiert ebenfalls zwischen 0 und 1.

(3) Der „Anreiz" von Misserfolg (Am) kann durch den unterschiedlichen Aufgabenschwierigkeitsgrad berechnet werden, insofern Misserfolge bei unterschiedlichem Aufgabenschwierigkeitsgrad unterschiedlich unangenehm sein können. Je leichter eine Aufgabe, desto größer das Schamgefühl bei Nichtbestehen der Aufgabe. Am liegt zwischen –1 und 0.

Zusammenfassend ergibt sich daraus folgende Multiplikation zur Bestimmung der Tendenz Misserfolg zu vermeiden:

$Tm = Mm \times Am \times Wm$

Wenn wir uns noch einmal das Fallbeispiel mit Anna in Erinnerung rufen, dann würde sie eine mittelschwierige Aufgabe wählen, wenn $Me > Mm$ ist. Umgekehrt würde sie der Formel entsprechend die leichte bzw. die besonders schwierige Aufgabe wählen, wenn $Me < Mm$, da Tr letztlich nur von den persönlichen Dispositionen (Me und Mm), sowie der Erfolgswahrscheinlichkeit We abhängig ist. Anna würde die Beantwortung der Frage gänzlich verweigern, wenn Me sehr viel kleiner als Mm ist (vgl. Heckhausen, 1980/1989; Schneider & Schmalt, 2000).

Verschiedene experimentelle Studien (u. a., Atkinson & Litwin, 1960; Feather, 1961, 1963, 1963; Heckhausen, 1963; Krug, Hage, &

Hieber, 1978; Jopt, 1974; Mahone, 1960; Moulton, 1965; Schneider, 1973) konnten Atkinsons Theorie allerdings nur bedingt bestätigen, insofern erfolgsmotivierte Menschen tatsächlich dazu tendieren mittelschwierige Aufgaben zu wählen mit der Überzeugung, eine mittlere Erfolgschance zu haben. Hier konnte auch beobachtet werden, dass sie dabei mit größter Mühe vorgingen. Rheinberg (1995/2004) schreibt diesbezüglich, dass diese erfolgsmotivierten Menschen einem Schema aus der Kindheit folgen, da schon bei Kleinkindern eine Vorliebe für mittlere Anforderungen zu beobachten sei, die zudem mit einer Förderung von Kompetenzen einherginge. Bei genauerem Blick auf die Ergebnisse der verschiedenen experimentellen Studien mit erfolgsmotivierten Proband/-innen zeigte sich aber auch, dass diese nicht genau ein 50%-iges Erfolgsrisiko bevorzugen – wie im Risiko-Wahl-Modell propagiert – sondern in der Regel riskanter sind und auch bei Erfolgswahrscheinlichkeiten von 30% bis 40% hoch motiviert vorgehen. In der Literatur wird diese Tatsache als „Hoffnungsbonus" interpretiert, soll heißen, dass die Erfolgszuversichtlichen hoffen, die vielleicht nur 30% Erfolgschance beim erneuten Versuch durch mehr Anstrengung auf 50% steigern zu können (Schneider, 1973; vgl. Rheinberg 1995/2004).

Bei der Überprüfung der Vorhersage, dass misserfolgsvermeidende Menschen dazu tendieren eher die leichte bzw. sehr schwierige Aufgabe zu wählen, sind hingegen teils divergierende empirische Befunde zu konstatieren. Insgesamt konnte keine wirkliche Präferenz der Misserfolgsvermeidenden eruiert werden. Allerdings konnte man bei diesen Untersuchungen wichtige Hinweise für die Bedeutsamkeit möglicher anderer Parameter (Anspruchsniveau, Ausdauer, Aufgabenwahl) in Bezug auf Leistungsmotivation feststellen – damit wurde praktisch der Grundstein für die in den folgenden Kapiteln skizzierten theoretischen Ansätze gelegt. So zeigte eine Untersuchung von Jopt (1974), dass misserfolgsvermeidende Probanden tatsächlich die leichten bzw. die sehr schwierigen Aufgaben wählten, wenn es um eine für sie bedeutende und „ich-nahe" Leistung ging. D. h., wenn den Proband/-innen vor dem Test gesagt wurde, dass dieser als Eignungstest ihres Berufes dient, wählten sie tatsächlich entweder die leichte oder die sehr schwierige Aufgabe aus. Heckhausen (1963) konnte zudem in einer Studie anhand der Gesamtmotivation (= Summe der Werte für „Hoffnung auf Erfolg“ und „Furcht vor Misserfolg“) zeigen, dass die individuelle Wahrnehmung bzw. Bewertung einer Handlungssituation als Leistungssituation – sowohl für Erfolgshoffende als auch für Misserfolgsvermeidende – eine bedeutende Rolle spielt. Ein und dieselbe Situation kann von unterschiedlichen Menschen unterschiedlich stark als leistungsthematisch wahrgenommen werden. Er konnte entsprechend zeigen, dass misserfolgsmotivierte Menschen mit einer geringen Gesamtmotivation eher die leichte Aufgabe wählen, wohingegen misserfolgsvermeidende Menschen mit einer hohen Gesamtmotivation dazu tendieren die sehr schwierige Aufgabe zu wählen (vgl. Rheinberg 1995/2004). Auch verschiedene von Feather (1961, 1962, 1963) durchgeführte Studien bestätigten das Risiko-Wahl-Modell unter Bezugnahme auf Ausdauer (ausführlich zusammenfassend siehe Heckhausen, 1980/1989). Er hat in verschiedenen Experimenten untersucht wie lange (= Ausdauer) die Proband/-innen versuchen eine Aufgabe zu lösen bzw. wann sie zu einer Alternativ-Aufgabe wechseln, wenn sie fingierte Misserfolgsrückmeldungen erhalten. Dabei wurde ein und dieselbe Aufgabe mal als leicht, mal als sehr schwierig deklariert. Aus der Gruppe der Misserfolgsvermeidenden blieben lediglich 33% mit Ausdauer bei der leichten Aufgabe, wenn sie Misserfolge hatten. Umgekehrt blieben 75% dieser Gruppe mit Ausdauer bei der schwierigen Aufgabe, wenn sie Misserfolge hatten. D. h., für diese Menschen wird das Scheitern (Misserfolg) bei leichten Aufgaben schnell zum Scheitern der eigenen Person. Gedanken wie „Bin ich wirklich noch dümmer als eh schon angenommen, dass ich nicht in der Lage bin, diese einfache Aufgabe zu lösen“ führen dazu, dass man sich von dieser Aufgabe abwendet. Bei der schwierigen Aufgabe kann man hingegen verweilen, schließlich wird dabei das Selbst nicht bedroht. Stattdessen laden Gedanken wie „Diese Aufgabe ist so schwierig, dass sie eh fast niemand schafft“ zum Verweilen bei schwierigen Aufgaben ein. Bei Erfolgszuversichtlichen verhält es sich ganz anders: 75% aus dieser Gruppe blieben mit Ausdauer bei der Aufgabe, wenn sie zu Beginn als leicht deklariert wurde. Durch die fingierten Misserfolge verwandeln sich die vermeintlich leichten zu mittelschwierigen Aufgaben und erreichen damit das bevorzugte Aufgabenniveau dieser Gruppe. Lediglich 23% aus dieser Gruppe blieben mit Ausdauer bei der Aufgabe, wenn sie zu Beginn als schwierig deklariert wurde und sie Misserfolge erhielten. Durch die Misserfolge wurde die schwierige Aufgabe zur fast unlösbaren Aufgabe, womit ein Aufgabenniveau erreicht wird, das erfolgszuversichtliche Menschen in der Regel vermeiden (vgl. Heckhausen, 1980/1989; vgl. Rheinberg 1995/2004).

Atkinsons Modell dominierte die Motivationsforschung vor allem in den 1960er, 1970er und frühen 1980er Jahren, nicht zuletzt aufgrund der zahlreichen experimentellen Studien zur Motivation und zum Leistungsverhalten. Darüber hinaus ist festzuhalten, dass Atkinsons Grundansatz des Risiko-Wahl-Modells – neben der sozial-kognitiven Theorie Banduras (Bandura, 1986; Pajares, 1996) – letztlich auch die im Folgenden skizzierten Theorien und Modelle nachhaltig mitprägte: die Attributionstheorie (Weiner, 1985); die Selbstwerttheorie der Leistungsmotivation (Covington & Berry, 1976; Covington, 1984); das Selbstbewertungsmodell (Heckhausen, 1972, 1975); das erweiterte Erwartungs-Wert-Modell (Eccles, 1994; Eccles, Wigfield, & Schiefele, 1998; Wigfield & Eccles, 2000; Eccles & Wigfield, 2002); die Selbstbestimmungstheorie (Deci & Ryan, 1985) und die Lern- und Leistungsmotivation als Zielorientierung (Elliot, 1997; Pintrich, 2003; Ames, 1984a, Ames, 1984b, Ames & Ames, 1984, Dweck, 1986; Nicholls, 1984).

Bernard Weiner: Die Attributionstheorie

Mit der Attributionstheorie der Leistungsmotivation (Weiner, Frieze, Kukla, Reed, Rest, & Rosenbaum, 1971; Weiner, 1985) kam die Frage nach der Ursachenzuschreibung von Erfolg und Misserfolg in Ergänzung zu Atkinsons Risiko-Wahl-Modell ins Spiel. Wie Erfolg bzw. Misserfolg ursächlich je individuell bewertet werden, hat letztlich weitreichende Folgen für die zukünftige Erfolgs- bzw. Misserfolgserwartung. Weiner (*1935) und Kolleg/-innen (1971) konzipierten ein Klassifikationsschema, das typische Kausalfaktoren der Leistung mittels einer (1) zeitlichen Stabilität und (2) internalen bzw. externalen Faktoren zu erklären sucht (vgl. Tab. 3).

Tab. 3: 2x2 Schema der Leistungserklärung (vgl. Weiner et al. 1971)

	konstant	**variabel**
internal (in der Person)	Talent/Fähigkeiten	Anstrengung
external (in der Umwelt)	Aufgabenschwierigkeit	Glück/Pech

Quelle: Eigene Darstellung

Wie dem Schema entnommen werden kann, gibt es verschiedene Möglichkeiten zukünftige Leistungserwartung zu bestimmen. Nehmen wir an, der fiktive Schüler Max erklärt sich seinen Misserfolg in den Mathematikhausaufgaben aufgrund zeitstabiler Faktoren wie seinem mangelnden Talent für Mathematik oder dem hohen Schwierigkeitsgrad der Aufgaben, so wird er nicht davon ausgehen, dass er beim nächsten Versuch diese Aufgabe lösen wird. Mit anderen Worten, seine Erfolgserwartung sinkt (Meyer, 1973; vgl. Rheinberg, 1995/2004). Seine Banknachbarin Susi hingegen erklärt sich ihren Misserfolg beim Versuch, die Mathematikhausaufgaben zu lösen, anhand zu geringer Anstrengung und Pech, d. h. mittels zeitvariabler Faktoren, die ihre Erfolgserwartungen, die Aufgabe beim nächsten Versuch zu lösen, viel weniger beeinträchtigen als Maxs Erklärungen (Weiner, Nierenberg, & Goldstein, 1976; vgl. Rheinberg, 1995/2004). Schließlich kann sie sich beim nächsten Versuch mehr anstrengen und Glück haben, wohingegen Max mit seinem fehlenden Talent und dem Schwierigkeitsgrad der Aufgabe wenig beeinflussbaren Faktoren seinem zukünftigen (Miss-)Erfolg zuschreibt. Demzufolge beruhen auch die Selbstbewertungsaffekte (Stolz und Beschämung) nach Erfolg und Misserfolg auf der internalen oder externalen Ursachenerklärung (Weiner, 1972). Führt Max seinen Misserfolg hauptsächlich auf sein mangelndes Talent für Mathematik zurück und schämt sich für seinen Misserfolg, dann wird das stärkere und negative Auswirkungen auf sein Selbst nach sich ziehen. Wenn Susi hingegen ihren Misserfolg hauptsächlich dem Pech zuschreibt, dann wird das ihr Selbst weniger tangieren und sie wird sich für ihren Misserfolg gar nicht oder weniger schämen. Entsprechend groß ist das Gefühl von Stolz und Freude, wenn der Erfolg auf eigene Fähigkeiten und Talente zurückgeführt werden kann (Heckhausen, 1978; Meyer, 1973; vgl. Rheinberg 1995/2004).

Überträgt man diesen Ansatz auf die Erwartung x Wert Theorien bzw. das Risiko-Wert-Modell, dann beeinflussen die Faktoren der zeitlichen Stabilität die Erwartung, wohingegen die internalen bzw. externalen Faktoren den Wert (Anreiz) beeinflussen. In Untersuchungen zeigte sich, dass sich die beiden Gruppen (Erfolgszuversichtliche und Misserfolgsvermeidende) signifikant in ihren Kausalattributionen unterscheiden (Weiner et al., 1971; Meyer, 1973). Erfolgszuversichtliche Personen schreiben ihren Erfolg in erster Linie internalen Faktoren (vor allem ihren Fähigkeiten) zu, Misserfolg hingegen wird hauptsächlich durch die zeitstabilen Faktoren (z. B. Pech oder ungenügende Anstrengung) erklärt. Dadurch erleben diese Personen bei Erfolg eine positive Selbstbewertung und bei Misserfolg bleibt die Hoffnung auf Erfolg in einem weiteren Versuch. Dass sich dieses Erklärungsmuster überaus günstig auf Erwartung und Anreiz auswirkt, ist naheliegend. Die Gruppe der Misserfolgsvermeidenden zieht hingegen ein viel ungünstigeres Erklärungsmuster zu Rate, insofern Misserfolg meist mit einem mangelnden Talent bzw. der mangelnden Fähigkeit erklärt wird, Erfolg hingegen oft externalen Ursachen (z. B. Glück oder leichte Aufgabe) zugeschrieben wird. Haben diese Menschen Erfolg, dann geht das folglich nicht mit einer positiven Selbstbewertung einher, wohingegen bei Misserfolg eine starke negative Selbstbewertung geschieht und die Hoffnung auf Erfolg bei erneutem Versuch abnimmt.

Mit Weiners Attributionstheorie hatte man einen ersten Ansatz zur Erklärung interindividueller Unterschiede in Bezug auf die Leistungsmotivation. Damit wurde gleichzeitig die Kognition als wichtige Determinante der Motivation eingeführt, wobei im ersten Überschwung der sogenannten „kognitiven Wende“ sprichwörtlich das „Kinde mit dem Bade ausgeschüttet wurde“, insofern Weiner und Kolleg/-innen zeitweise Motivation gänzlich als kognitive Disposition verstanden (vgl. Rheinberg 1995/2004) – siehe auch das im Folgenden skizzierte Selbstbewertungsmodell nach Heckhausen (1972, 1975). Dabei ist die Kausalattribution vielmehr als Aspekt der Selbstbewertung in motivationalen Prozessen zu verstehen, was in der Selbstwerttheorie der Leistungsmotivation von Covington und Kolleg/-innen näher zu ergründen versucht wurde.

Heinz Heckhausen: Das Selbstbewertungsmodell

Heckhausen (*1926–† 1988) konzipierte in den 1970er Jahren das sogenannte Selbstbewertungsmodell der Leistungsmotivation (Heckhausen, 1972, 1975), das das Leistungsmotiv als ein aus drei Teilprozessen bestehendes System der Selbstbewertung versteht. Damit knüpft er an die oben skizzierte „kognitive Wende" an, da die Kognition in der Leistungsmotivation führend wird. Die drei Teilprozesse, die sich gegenseitig bedingen, sind (1) der Vergleich eines Resultats mit einem Standard (entspricht dem Anspruchsniveau), (2) die Kausalattribution (vgl. Weiner oben), sowie (3) der Selbstbewertungsaffekt der eigenen Anstrengung (Zufriedenheit vs. Unzufriedenheit). In ihrer Wechselwirkung stabilisieren sie das Erfolgsmotiv (Hoffnung auf Erfolg) und das Misserfolgsmotiv (Furcht vor Misserfolg) (vgl. Abb. 4).

Abb. 4: Das Selbstbewertungsmodell der Leistungsmotivation (vgl. Heckhausen, 1972)

Komponenten	**Motivausprägung**	
	erfolgszuversichtlich	misserfolgsvermeidend
Zielsetzung	realistisch: Aufgaben mittlerer Schwierigkeit	unrealistisch: Aufgaben zu leicht oder zu schwer
Attributionen	Erfolg: Anstrengung, hohe Fähigkeit	Erfolg: Glück, leichte Aufgabe
	Misserfolg: Pech, mangelnde Anstrengung	Misserfolg: mangelnde Fähigkeit
Selbstbewertung	Erfolgs-Misserfolgs-Affektbilanz: positiv	Erfolgs-Misserfolgs-Affektbilanz: negativ

Quelle: Eigene Darstellung

Wie bereits bei Weiner (siehe oben) skizziert, tendieren erfolgszuversichtliche Menschen dazu, sich realistische Ziele zu setzen, was sie bei Erfolg in Verbindung mit ihrer Anstrengung setzen. Sowohl Erfolge als auch Misserfolge werden dem Selbstwert zuträglich verarbeitet, da Erfolge ihren internal-stabilen Faktoren (Fähigkeiten) zugeschrieben, Misserfolge hingegen zeitvariabel attribuiert werden (Pech oder mangelnde Anstrengung). Damit fällt selbst bei einer Gleichverteilung von Erfolg und Misserfolg die Selbstbewertung stets positiv aus, da Stolz und Zufriedenheit nach Erfolg stets Betroffenheit und Niedergeschlagenheit nach Misserfolg überwiegen (vgl. Rheinberg 1995/2004). D. h., Leistungssituationen werden eher gesucht (um die Kompetenzen weiter auszubauen) als gefürchtet. Anders verhält es sich bei den Misserfolgsvermeidenden: Wie bereits oben skizziert, tendieren sie dazu, realistische Aufgaben zu vermeiden, da hierbei immer die Gefahr der Inkompetenz droht. Da sie sowohl Erfolge (externale Attribution: Glück oder Aufgabenleichtigkeit) als auch Misserfolge (zeitstabile Attribution: meist mangelnde Fähigkeiten) ungünstig für ihr Selbst attribuieren, werden sie bei einer Gleichverteilung von Erfolg und Misserfolg ihr Selbst stets negativ bekräftigen: Erfolge bedeuten wenig, Misserfolge werden hingegen als sehr belastend empfunden (vgl. Rheinberg, 1995/2004).

Während Heckhausens Modell noch sehr stark an Weiners Attributionstheorie angelehnt war, hat Covington dies in seinen Arbeiten zur Selbstwerttheorie und zum quadripolaren Modell der Leistungsmotivation noch stärker differenziert – vor allem in Hinblick auf die Schulpraxis.

Martin V. Covington: Die Selbstwerttheorie der Leistungsmotivation und das quadripolare Modell der Leistungsmotivation

Die Selbstwerttheorie der Leistungsmotivation (Covington & Berry, 1976; Covington, 1984, 1992, 1998) geht davon aus, dass die Suche nach dem Wert des eigenen Selbst verbunden mit dem Gefühl der Zugehörigkeit zu einer Gesellschaft als höchste menschliche Priorität – und damit, wenn man so will, als stärkstes Motiv – zu verstehen ist und dass der eigene Wert oft von unseren Fähigkeiten bestimmt wird (Covington, 1992). Mit anderen Worten, wir sind so gut (so viel wert) wie unsere Leistungen. Dieser Grundsatz wird gerade in den modernen Leistungsgesellschaften zum Credo, so dass viele – wenn nicht die meisten – Schüler/-innen ihren eigenen Wert über ihre schulischen Leistungen definieren (Covington, 2000). Da schulische Leistung in der westlichen Welt vornehmlich durch Noten vermittelt wird, leitet Covington (*1938) eine simple Formel zur Bestimmung des Selbstwerts der Schüler/-innen ab: Noten ⇒ Fähigkeit ⇒ Selbstwert. Dabei – und hier baut er direkt auf Atkinson und Weiner auf – spielt jedoch die Art und Weise wie Schüler/-innen Erfolg definieren eine entscheidende Rolle. So sehen erfolgsmotivierte Schüler/-innen Erfolg darin, so gut zu werden, wie man nur kann, ganz unabhängig vom Vergleich mit anderen. D. h., sie verfolgen persönlich bedeutende Ziele (mehr zu Motivation als Zielorientierung siehe Kapitel 1.4) durch Ausdauer und Fleiß. Andere Schüler/-innen definieren Erfolg mehr im Sinn von Status, d. h., sie definieren ihre Kompetenz im Vergleich zu anderen: „Ich bin in der Schule besser als die anderen." Damit einher geht eine Tendenz, Misserfolg zu vermeiden, die von der Angst des Scheiterns genährt wird (Covington, 2000). Da die meisten Schüler/-innen während ihrer Schulzeit mit Misserfolgen (schlechten Noten) zu kämpfen haben, verwenden sie unterschiedliche Strategien (Thompson, 1993, 1994), um die Misserfolge nicht mit ihrem Selbstwert zu verknüpfen: (a) Selbstwertschutz, (b) *self-handicapping* Strategien, (c) defensiver Pessimismus.

Die Selbstwertschutz-Strategie meint die allgemeine Tendenz, Anstrengung gänzlich zu vermeiden, wenn Misserfolg bzw. Scheitern droht, da das Nichtversuchen keine Gefahr birgt, sich inkompetent zu fühlen: „Wieso soll ich mich anstrengen, wenn ich's wahrscheinlich eh nicht hinbekomme. Besser ich versuch's gar nicht, dann kann ich gar nicht scheitern." D. h., was Lehrer/-innen oft als Verweigerung oder Faulheit ahnden, ist in Wirklichkeit für viele Schüler/-innen ein Schutzmechanismus, um den Selbstwert zu bewahren. Damit wird Anstrengung zum zweiseitigen Schwert: Viele Schüler/-innen schätzen es sich anzustrengen, weil es von den meisten Lehrkräften belohnt wird, andererseits fürchten viele Schüler/-innen die Anstrengung, weil sie Misserfolg antizipieren, was dann wiederum ihren Selbstwert bedroht (Covington, 2000).

Beim *self-handicapping* kreieren Schüler/-innen ein fingiertes oder reales Hindernis, das die Chancen auf Erfolg bzw. eine positive Zielerreichung verringert, um dieses Hindernis später als Begründung für den Misserfolg bzw. das Scheitern anzuführen. Typische *self-handicapping* Strategien sind z. B. Prokrastination (McCown & Johnson, 1991), unrealistisch hohe Leistungsziele (Covington, 1992) oder späte Vorbereitung (Covington, 2000). Wenn man beispielsweise erst am Abend vor der Chemieklausur mit den Vorbereitungen beginnt, dann kann man das Scheitern schlecht auf mangelnde Fähigkeiten schieben, aber ganz leicht auf mangelnde Vorbereitung. Dadurch wird der Grund des Misserfolgs external oder internal-variabel attribuiert, was das Selbst und seinen Wert eher schützt, als eine internal-stabile Attribution (vgl. Weiner oben). D. h., damit entkräften die Schüler/-innen Covingtons Formel, dass Noten etwas über die eigenen Fähigkeiten und damit etwas über den eigenen Selbstwert aussagen. Eine schlechte Note in einer Klausur zu erhalten, für die man sich kaum vorbereitet hat, impliziert das Wissen, dass man eine bessere Note hätte erzielen können, wenn man sich besser vorbereitet hätte. Wenn man umgekehrt eine schlechte Note in einer Klausur erhalten hat, für die man sich sehr gut vorbereitet hat, impliziert das Wissen, dass man nicht ausreichend Intelligenz besitzt, um den Anforderungen in der Klausur gerecht zu werden. Da die meisten Menschen ihre Intelligenz als internal-stabile Attribution verstehen, die durch keine Anstrengungen verändert werden kann (Weiner, 1985), gilt es im Sinne der Selbstwerttheorie solche Attributionen zu vermeiden.

Die Strategie des defensiven Pessimismus tritt dann auf, wenn Schüler/-innen eine unrealistisch niedrige Erwartungshaltung in Bezug auf ihre Leistung (z. B. eine Aufgabe erfolgreich zu absolvieren) haben, selbst wenn sie diese in der Vergangenheit schon mal erfolgreich gelöst hatten. Durch eine erhöhte Bereitschaft, sich die drohende Gefahr (z. B. Aufgabe, Klausur) genau vorzustellen und bereits in der Imagination einen klaren Handlungsentwurf zu kreieren, verringert sich ihre Angst vor der Leistungssituation (Cantor & Harlow, 1994; vgl. Covington, 2000).

Das quadripolare Modell der Leistungsmotivation

Im Zuge seiner Arbeit hat Covington zusammen mit Kolleg/-innen (Covington & Omelich, 1991; Covington & Roberts, 1994) in den 1990er Jahren das sogenannte quadripolare Modell der Leistungsmotivation – in Anlehnung an Atkinsons Risiko-Wahl-Modell – zur näheren Erklärung intra- und interindividueller Unterschiede konzipiert. Dabei geht das Modell jedoch nicht wie bei Atkinson davon aus, dass die beiden Motive Erfolgsorientierung und Misserfolgsorientierung letztlich auf einer bipolaren Dimension beruhen, sondern dass es sich dabei um zwei unabhängige Dimensionen handelt, da in Untersuchungen von Selbstberichtsdaten nur mittelmäßig hohe Zusammenhänge konstatiert werden konnten und beide Motive in unterschiedlichen Ausprägungen je nach Situation bei ein und derselben Person auftreten können (vgl. Brunstein & Heckhausen, 2006).

Abb. 5: Das quadripolare Modell der Leistungsmotivation (vgl. Covington & Omelich, 1991 und Covington & Robert, 1993)

	Erfolgsorientierung hoch		
Misserfolgsorientierung hoch	Übermotivierte	Erfolgsorientierte	Misserfolgsorientierung niedrig
	Misserfolgsvermeidende	Misserfolgsakzeptierende	
	Erfolgsorientierung niedrig		

Quelle: Eigene Darstellung nach Covington & Omelich, 1991

Wie der Abbildung 5 entnommen werden kann, stellen Misserfolgsorientierung und Erfolgsorientierung jeweils eine Achse in einem 4-Felder Kreuz dar, was das quadripolare Modell der Leistungsmotivation beschreibt. Demzufolge können vier unterschiedliche Leistungsmotivtypen differenziert werden: (1) Erfolgsorientierte, (2) Misserfolgsvermeidende, (3) Übermotivierte, (4) Misserfolgsakzeptierende. Die beiden ersten Typen entsprechen dem Risiko-Wahl-Modell von Atkinson (siehe oben). Hinzu kommt der Typ der Übermotivierten, der durch ein hohes Streben nach Erfolg und große Angst vor Misserfolg geprägt ist (Covington & Omelich, 1991), wohingegen der Typ der Misserfolgsakzeptierenden durch kein Streben nach Erfolg bei gleichzeitig keiner Angst vor Misserfolg charakterisiert werden kann. Übermotivierte Menschen bewerten Leistungssituationen als bedeutend, setzen sich dabei meist selbst unter Druck und können bei eintretendem Erfolg selten Stolz oder Zufriedenheit fühlen (Covington & Robert, 1994). Während Erfolgsorientierte gerne und selbstbewusst neue Aufgaben in Angriff nehmen, tendieren Übermotivierte zu einer gewissen Planlosigkeit oder dem Verlieren in Details, so dass sie in der eigentlichen Leistungssituation oft ineffektiv sind (Covington & Roberst, 1994). Menschen, die zum Typ des Misserfolgsakzeptierenden zählen, haben hingegen ihr Selbstwertgefühl gänzlich vom gesellschaftlich-geprägten Leistungsgedanken gelöst, insofern empfinden sie auch kein Gefühl des Schams bei Misserfolg und zeigen keine besondere Ausdauer oder Anstrengung, sich zu verbessern. Damit einher geht eine gewisse Sorglosigkeit in Leistungssituationen (Covington & Roberts, 1994).

Mit diesem Modell erweitern Covington und Kolleg/-innen die forschungsstarke Tradition um Atkinsons Risiko-Wahl-Modell und alle darauf aufbauenden Theorieansätze, indem sie die beiden Dimensionen als separate Einheiten verstehen. Damit wird auch ein wichtiger Ansatzpunkt zur Erklärung intra- und interindividueller Unterschiede gesetzt, insofern das Individuum bzw. Individuen je nach Leistungssituation ihr Verhalten entlang der beiden Dimensionen unterschiedlich motivieren können.

Parallel zu Covingtons Arbeiten haben sich auch Eccles und Kolleg/-innen seit der 1980er Jahre mit der Spezifizierung eines Erwartungs-Wert-Modells der Leistungsmotivation beschäftigt, wobei sie sich dabei erstmals komplett von Atkinsons Konzept der Differenzierung in Erfolgsmotivierte und Misserfolgsvermeidendmotivierte lösen.

Jacquelynne Eccles: Das erweiterte Erwartungs-Wert-Modell der Leistungsmotivation

Jaquelynne Eccles (*1944) hat gemeinsam mit Kolleg/-innen das erweiterte Erwartungs-Wert-Modell der Leistungsmotivation erstmals 1983 veröffentlicht (Eccles et al., 1983). In den darauffolgenden Jahren wurde dieses Modell jedoch stetig in Zusammenarbeit mit Kolleg/-innen (Eccles, 1994; Eccles, Wigfield, & Schiefele, 1998; Wigfield & Eccles, 2000; Eccles & Wigfield, 2002) überarbeitet. Im Folgenden wird deshalb die jüngste Version des Modells von 2002 (Eccles & Wigfield, 2002) näher thematisiert (vgl. Abb. 6).

Abb. 6: Erweitertes Erwartungs-Wert-Modell der Leistungsmotivation von Eccles und Kolleg/-innen (vgl. Eccles & Wigfield, 2002)

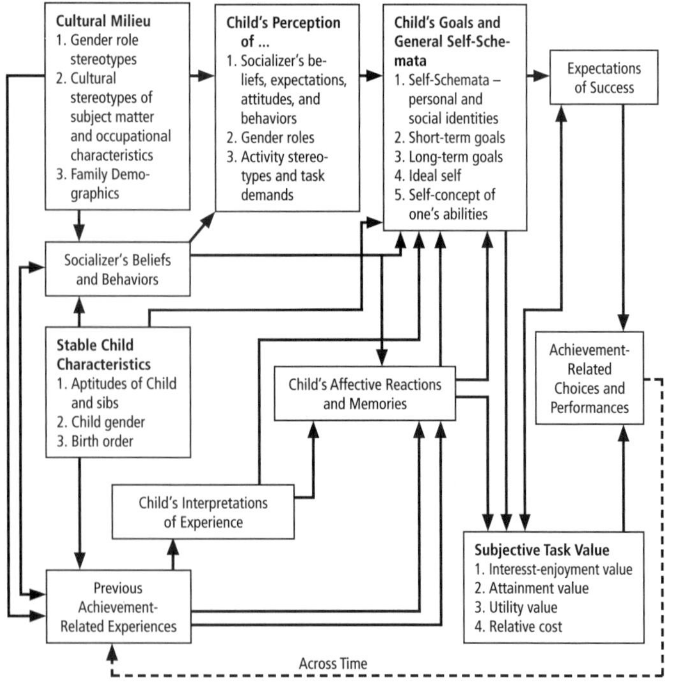

Quelle: Eigene Darstellung nach Eccles & Wigfield (2002)

Allein anhand der Abbildung wird deutlich, dass dieses Modell in seiner Komplexität die bisherigen Erwartungs-Wert-Modelle zur Leistungsmotivation übertrifft. Eccles hat nicht nur Atkinsons Ansatz um Weiners Attributionstheorie ergänzt, indem sie den subjektiven Bewertungen vorheriger Leistungserfahrungen mehr Bedeutung zugemessen hat, sie hat darüber hinaus noch zahlreiche entwicklungspsychologische und sozio-kulturelle Konstrukte (wie z. B. stabile Charakteristika, erworbene Geschlechterrolle und Stereotypen im Zuge der Sozialisation, familiäre Einflüsse, diverse Selbstschemata u.v.m) berücksichtigt, die vor allem auf der linken Seite der Abbildung zu finden sind. Wenn man sich die eigentlichen Erwartungs-Wert-Verknüpfungen näher anschaut, die vor allem auf der rechten Seite der Abbildung angeordnet sind, dann wird deutlich, dass der subjektive Wert der Aufgabe (engl. *subjective task value*) durch vier Subeinheiten bestimmt wird: (1) *interest-enjoyment value* bzw. *intrinsic value*, d. h. der Wert einer Aufgabe steigt, wenn Spaß und Interesse dabei empfunden wird, (2) *attainment value* bzw. *importance value*, d. h. der Wert einer Aufgabe steigt, wenn die Aufgabe von persönlicher Bedeutung ist, (3) *utility value* bzw. *extrinsic value*, d. h. der Wert einer Aufgabe steigt, wenn diese der Erreichung eines Ziels dient, und (4) *relative cost*, d. h. der Wert einer Aufgabe steigt, wenn wenig Aufwand zur Erfüllung notwendig ist bzw. wenig Ressourcen vonnöten sind, die für die Erledigung von Alternativaufgaben gebraucht werden. Dieser sich aus den vier Subeinheiten generierende Wert steht nun in Wechselwirkung zu der Erwartung des Individuums. Beides (Erwartung und Wert) wird durch die Ziele (*short-term-goals*, *long-term-goals*) und die generellen Selbst-Schemata (persönliche und soziale Identitäten, ideales Selbst, Selbstkonzept der eigenen Fähigkeiten) des Kindes beeinflusst. Damit kommt dem Selbst (erneut) eine – wenn nicht sogar *die* – zentrale Rolle in Bezug auf das leistungsbezogene Verhalten zu, insofern es sowohl auf die Erwartungs- als auch auf die Wertkomponente des Modells einwirkt. Dieses Zusammenspiel wird durch die affektiven Reaktionen und Erinnerungen des Kindes bedingt, die wiederum sehr stark durch die anfangs skizzierten entwicklungspsychologischen und sozio-kulturellen Einflussgrößen geprägt werden.

Unterschiedliche empirische Studien konnten die verschiedenen Pfade im Modell belegen (u. a., Jacobs, Lanza, Osgood, Wigfield, & Eccles, 2002; Hannover & Kessels, 2002; Hodapp & Mißler, 1996; Köller, Daniels, Schnabel, & Baumert, 2000; Köller, Schnabel, & Baumert, 2000; vgl. Eccles & Wigfield 2002), wobei durch die Komplexität des Modells sowohl Anknüpfungspunkte zur Selbstbestimmungstheorie von Deci und Ryan (siehe unten), zur Motivation als Zielorientierung (siehe unten), als auch zur Interessens- (inkl. *Flow*-Theorie) und Geschlechterforschung vorhanden sind. Insgesamt nicht zuletzt deswegen dominiert Eccles erweitertes Erwartungs-Wert-Modell – neben der Selbstbestimmungstheorie und den Theorien zur Motivation als Zielorientierung – bis heute die schulische Motivationsforschung. Sowohl Eccles selbst als auch empirische Folgestudien (Köller et al., 2000) legen nahe, dass die Wertkomponente ihres Modells aber eher der Vorhersage von Kurswahlen der Schüler/-innen als der der akademischen Leistung dient (vgl. Brandt, 2005). Letzteres ist übrigens der häufigste Kritikpunkt am Konstrukt der Leistungsmotivation generell, da die meisten Modelle/Theorien eben Leistungsmotivation oder motivationsverwandte Aspekte wie Kurswahl, Ausdauer, oder Anstrengung vorhersagen – nicht aber Leistung (vgl. Rheinberg 1995/2004). Der Zusammenhang zwischen (Leistungs-)Motivation und Leistung ist sehr komplex, was bereits im U-förmigen Zusammenhang der physiologischen Aktivierung und der Leistungsfähigkeit im Yerkes-Dodson-Gesetz (Yerkes & Dodson, 1908) deutlich wird, demzufolge eine Übererregung emotionaler Aktivierung negativ auf die Leistungsfähigkeit wirkt. Auch Studien zu motivational induzierter Anstrengungsbereitschaft haben gezeigt, dass diese sich sehr unterschiedlich auf die Quantität und Qualität der Leistung auswirkt (Schneider, 1973, 1978; Schneider & Heggemeier 1978; Schneider & Kreuz, 1979), moderiert durch den Schwierigkeitsgrad der Aufgabe und die eventuelle Berücksichtigung sachinhärenter Prozesse (Atkinson, 1974; vgl. Rheinberg, 1995/2004). Wenn man berücksichtigt, welche komplexen Strukturen bereits dem erweiterten Erwartungs-Wert-Modell von Eccles und Kolleg/-innen zugrunde liegen, dann überrascht es nicht, dass sich der Zusammenhang von Motivation und Leistung nicht als einfache Kausalbeziehung darstellen lässt. Viele Studien zur Vorhersage akademischer Leistung berufen sich daher eher auf den Intelligenzquotienten als auf Leistungsmotivation als Prädiktor, wobei hier auch gewisse Vorsicht geboten sein sollte, wie nicht zuletzt der sogenannte Pygmalion-Effekt (Rosenthal & Jacobsen, 1966, 1968) gezeigt hat und andere kritische Stimmen in Bezug auf die Intelligenzmessung (vgl. Stanovich, 2009).

2.2 Edward L. Deci & Richard M. Ryan: Selbstbestimmungstheorie – Intrinsische und externale Formen der Motivation

Mit der Selbstbestimmungstheorie (*self determination theory*, SDT) von Deci und Ryan (1985) erleben die ursprünglichen und eingangs skizzierten Bedürfnistheorien ein *Revival*, das die gegenwärtige Motivationsforschung andauernd prägt. Deci und Ryan verstehen ihre SDT dabei als Makrotheorie der menschlichen Motivation und Persönlichkeit, die sich mit den Menschen innewohnenden Wachstumsprozessen und den ihnen angeborenen psychologischen Bedürfnissen beschäftigt. Oder mit anderen Worten: Die SDT beschäftigt sich mit der Motivation hinter den Entscheidungen, die Menschen ohne äußere Einwirkung und Störungen treffen. Dabei konzentriert sie sich auf die Frage, inwieweit das Verhalten einer Person selbstmotiviert und selbstbestimmt ist (Deci & Ryan, 2000a).

Deci und Ryan gehen von drei psychologischen Grundbedürfnissen aus, deren Erfüllung das Selbstbestimmungserleben bedingt (Deci & Ryan, 1985) und eine optimale Entwicklung, Wohlbefinden und Wachstum des Individuums garantiert (Deci & Ryan, 2000a): (1) Kompetenz, (2) Autonomie, und (3) soziale Eingebundenheit.

Ryan beschreibt diese Grundbedürfnisse als „*essentialness or necessity for growth and integrity*" (Ryan, 1995, S. 410). Im Kontext der SDT sind Bedürfnisse *keine* Motive, Wünsche oder Handlungsziele, sondern vielmehr Antriebs- und Steuerungssystem inneliegender, subbewusst agierender Faktoren, die für die grundlegenden Erfordernisse der organismischen Entwicklung verantwortlich sind (Deci & Ryan, 2000a; Krapp, 2005). Dabei werden zwei Entwicklungsziele unterschieden: (1) Das persönliche Wachstum des einzelnen Individuums, das z. B. die Weiterentwicklung oder den Erwerb spezieller Kenntnisse und Fähigkeiten umfasst. (2) Die Sicherung sozialer Strukturen, in die der Mensch eingebettet ist und auf deren Fortbestand er als ein soziales Wesen angewiesen ist (Deci & Ryan, 1991, 1993, 2000). Der Steuerungsmechanismus, der die individuellen Entwicklungsverläufe an die Erfordernisse des sozialen Systems anpasst und ausbalanciert, wird von den drei Grundbedürfnissen bestimmt (Deci & Ryan, 2000a). Dabei gehen Deci und Ryan von einer Überlegenheit der psychologischen Grundbedürfnisse gegenüber den physiologischen Bedürfnissen aus. Der SDT zufolge existiert neben dem System der biologisch-physiologischen Triebe ein eigenes System von drei grundlegenden psychologischen Bedürfnissen. Auf Grundlage dieser drei psychologischen Bedürfnisse lassen sich individuelle Entwicklungsverläufe so steuern, dass das persönliche Wachstum steigt und gleichzeitig die Einbindung des einzelnen Individuums in das soziale Umfeld bestehen bleibt. Für das persönliche Wachstum sind nach Deci und Ryan die zwei Grundbedürfnisse Kompetenz und Autonomie verantwortlich, für die Sicherung sozialer Strukturen und der Befriedigung sozialer Kontakte das Bedürfnis der sozialen Eingebundenheit. Soziale Eingebundenheit wird als universelles Bedürfnis zu interagieren, verbunden und für andere da zu sein definiert (Baumeister & Leary, 1995). Autonomie wird als universelles Bedürfnis verstanden, für sein eigenes Leben selbst verantwortlich zu sein und dabei in Harmonie mit seinem ganzheitlichen Selbst zu handeln (Deci & Vansteenkiste, 2004). Das Bedürfnis nach Kompetenz wird als effektives Einwirken auf die als bedeutsam erachteten Dinge in der Umwelt definiert, wodurch entsprechend gewünschte Resultate erzielt werden (White, 1959). Dabei unterstreichen Deci und Ryan – im Sinne der stetigen Interaktion des Individuums mit seiner Umwelt – dass die Möglichkeiten der Befriedigung dieser Grundbedürfnisse maßgeblich vom erworbenen Wertesystem des jeweiligen sozio-kulturellen Kontextes abhängig sind (Ryan & Deci, 2000). Zudem ist die Befriedigung dieser Bedürfnisse nicht nur für die persönliche Entwicklung und das Wohlbefinden essenziell (Deci

& Ryan, 2000), sondern steht zudem in positivem Zusammenhang mit intrinsischer Motivation und Anpassung (Jang, Reeve, Ryan, & Kim, 2009; Pfaeffli & Gibbons, 2010). Gerade in Kindheit und Jugend können Schulen demnach als wichtige, bedürfnisunterstützende Umgebungen verstanden werden, die die Befriedigung dieser Grundbedürfnisse stützen (oder auch nicht). Studien haben zudem gezeigt, dass sowohl die schulische Motivation der Schüler/-innen (Mouratidis, Vansteenkiste, Sideridis, & Lens, 2011) als auch die Bedürfnisbefriedigung (Deci & Ryan, 2000) individuell variieren kann. In der Regel wünschen sich Lehrkräfte Schüler/-innen, die motiviert sind zu lernen. Die Quelle der Motivation kann dabei entweder als extrinsisch (außerhalb der Person) oder intrinsisch (innerhalb der Person) kategorisiert werden. Während intrinsische Motivation das Handeln aufgrund inhärenten Interesses und Freude meint, hat extrinsisch motiviertes Handeln das Erreichen eines bestimmten Ziels zum Zweck, zum Beispiel Belohnung (Ryan & Deci, 2000a). Mehr als vier Dekaden der Forschung haben gezeigt, dass die Qualität der Erfahrung und Ausführung sehr unterschiedlich sein kann, je nachdem ob wir aus intrinsischen oder extrinsischen Gründen handeln. Während intrinsische Gründe als physisch (Körper), mental (Geist) (d. h., *cognitive/thinking*, *affective/emotional*, *conative/volitional*), oder spirituell (transpersonal) subkategorisiert werden können, stehen die extrinsischen Gründe stark mit operanter Konditionierung in Verbindung (Huitt, 2011) (vgl. Abb. 7).

Obwohl extrinsische Motivation als schwache Form der Motivation in Vergleich zu intrinsischer Motivation charakterisiert wird, (e.g., de Charms, 1968), unterstreichen Deci und Ryan (1985) in ihrer *Organismic Integration Theory* (OIT) – einer Subtheorie der SDT – dass unterschiedliche Formen der extrinsischen Motivation unterschieden werden müssen. Insgesamt differenzieren sie vier unterschiedliche Formen der extrinsischen Motivation, die je nach Autonomiegrad, d. h. anhand des Maßes von äußeren Einflussgrößen und demzufolge dem Grad der Selbstbestimmtheit (Deci & Ryan 1985), variieren: (1) externale Regulation, (2) introjizierte Regulation, (3) identifizierte Regulation, sowie (4) die integrierte Regulation.

Abb. 7: Kategoriales System zur Erklärung unterschiedlicher Motivationsursprünge (vgl. Huitt, 2011)

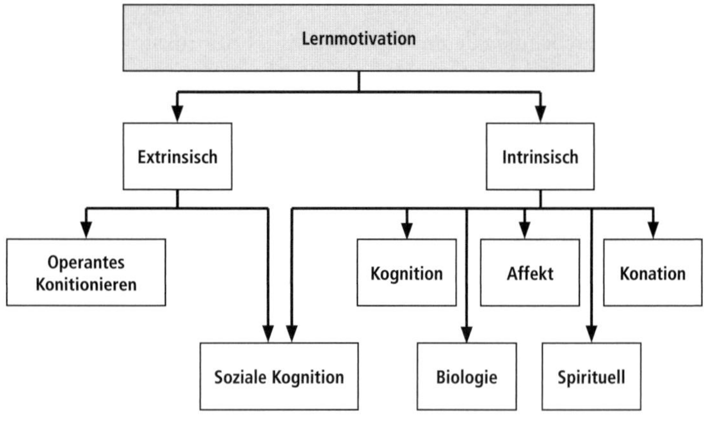

Quelle: Eigene Darstellung nach Huitt (2011)

Während intrinsische Motivation die qualitativ hochwertigste Form der Motivation darstellt, da sie vollständig selbstbestimmt (autonom) ist, kann die externale Regulation als schwächste Form der Motivation verstanden werden. Sie ist durch starke externe Verhaltenskontrolle charakterisiert, d. h., die Ursache für eine Handlung liegt außerhalb der Person. Die Autonomie des Handelnden ist kaum vorhanden und das Verhalten wird als kontrolliert empfunden. Die Motive hinter den Handlungen sind der Wunsch eine Belohnung zu erhalten bzw. eine Bestrafung zu vermeiden (Deci & Ryan, 1993). Auch die introjizierte Regulation ist durch eine starke externe Verhaltenskontrolle gekennzeichnet, d. h., auch hier ist die Autonomie des Handelnden gering. Allerdings sind externe Bedingungen im Gegensatz zur externalen Regulation bereits verinnerlicht, aber noch nicht vollständig akzeptiert (Deci & Ryan, 1985). Introjizierte Regulation ist durch das Empfinden geprägt, dass die Ursache für das Handeln außerhalb der eigenen Person liegt, d. h. sie unterliegt nicht einem inneren Druck, kontrolliert aber einen inneren Druck. Die identifizierte Regulation ist hingegen durch eine schwache externe Verhaltenskontrolle gekennzeichnet, d. h., die Autonomie des

Handelnden ist bereits deutlich vorhanden. Zwar werden nach wie vor externe Einflüsse als Handlungsziele angesehen, allerdings werden diese als persönlich wichtig eingestuft und bewusst übernommen. Diese zu erreichen steht somit im Einklang mit dem Selbstkonzept. Die Handlungsziele müssen keinen eigenen Anreizwert mehr besitzen (Mietzel, 2007). Die integrierte Regulation – in Vorstufe zur intrinsischen Motivation – ist durch das Fehlen jeglicher externer Verhaltenskontrolle und einer hohen Autonomie des Handelnden geprägt. Es findet bereits eine Identifizierung mit den Handlungszielen statt, indem die Person diese ohne Konflikte mit anderen Zielen in ihr Selbst integriert hat (Wild & Möller, 2009). D. h., der Handelnde setzt sich selbst Leistungsziele, die er um ihrer selbst willen anstrebt. Die zur Erreichung erforderlichen Aktivitäten sind Ausdruck der Selbststeuerung und Selbstständigkeit (Mietzel, 2007). Damit steht die integrierte Regulation am Ende des Internalisierungsgeschehens. Mit anderen Worten, der integrierte Regulationsstil repräsentiert die eigenständigste Form extrinsischer Motivation und bildet gemeinsam mit der intrinsischen Motivation die Grundlage des selbstbestimmten Handelns (Deci & Ryan, 1985, 2002). Die intrinsische Motivation ist gekennzeichnet durch den höchsten Anteil an Selbstbestimmung und Autonomie des Handelnden (Wild & Möller, 2009). Intrinsisch motivierte Verhaltensweisen sind autotelischer[4] Natur, während integrierte Verhaltensweisen eine instrumentelle Funktion besitzen (Deci & Ryan, 1993) und introjizierte Regulationsmechanismen nicht als vollwertige Bestandteile des Selbst gelten (Deci & Ryan, 1993). Ein Regulationsprozess ist dem individuellen Selbst nur dann zuzurechnen, wenn er als internal verursacht erlebt wird (DeCharms, 1968; Ryan & Conell, 1989) (vgl. Abb. 8).

Nur bei Befriedigung von insgesamt allen drei Grundbedürfnissen wird intrinsische Motivation durch hohe Selbstbestimmung hergestellt und damit auch das übergeordnete Ziel eines sozial verträglichen individuellen Wachstums erreicht (Deci & Ryan, 2000a, 2002; Krapp, 2005).

---

[4] Ursprung der Handlung liegt in der Person selbst und die Tätigkeit wird nur um ihrer selbst willen ausgeführt.

Abb. 8: Verschiedene Formen der Motivation bzw. Selbstregulation in Bezug auf den Grad der Selbstbestimmung

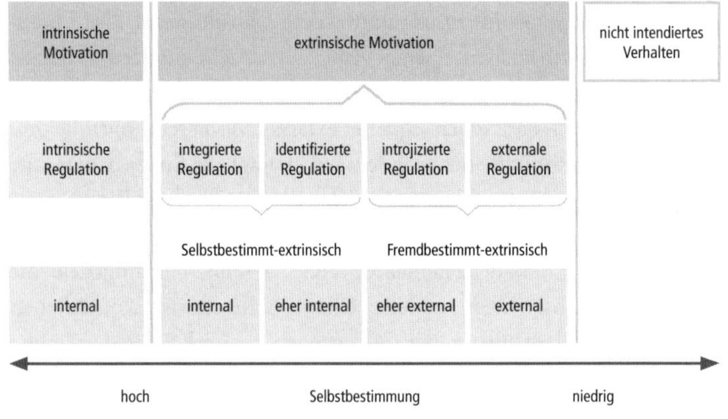

Quelle: eigene Darstellung nach Deci & Ryan (1985)

Besonders in der Adoleszenz, wenn die schulische Motivation der meisten Schüler/-innen sinkt, können Schulen als unterstützende Umgebungen verstanden werden, die die Befriedigung der drei Grundbedürfnisse fördern, was sowohl durch extrinsisch als auch intrinsisch motivierte Handlungen möglich ist (Amabile, Hill, Hennessey, & Tighe, 1994; Buff, 2001). Das Bedürfnis nach sozialer Eingebundenheit kann insbesondere durch eine positive Beziehung zu Peers befriedigt werden (Katz & Assor, 2007; Niemiec & Ryan, 2009), wohingegen das Bedürfnis nach Kompetenz durch Lehrer-Feedback zur schulischen Leistung befriedigt werden kann (Katz & Assor, 2007; Niemiec & Ryan, 2009). Das Bedürfnis nach Autonomie kann durch eine selbständigkeitsfördernde Unterrichtsmethodik gesteigert werden, wie z. B. durch schülerzentrierten Unterricht (Chirkov & Ryan, 2001; Radel et al., 2010; Roth, Assor, Kanat-Maymon, & Kaplan, 2007).

2.3 Lern- und Leistungsmotivation als Zielorientierung *(Achievement Goal Theory)*

Innerhalb der schulischen Motivationsforschung hat sich insbesondere seit Mitte der 1980er Jahre das Konzept der „Zielorientierungen" (*goal orientations*) als eigenständiger Theorieansatz – aufbauend auf der Attributionstheorie – entwickelt und etabliert, in denen die Gründe für Wahlentscheidungen, Leistung und Ausdauer in Hinblick auf verschiedene Lernaktivitäten fokussiert werden. Der aufmerksame Leser wird bereits in den oben skizzierten Theorien und Modellen entsprechende Hinweise gefunden haben, insofern in verschiedenen Ansätzen bereits auch die Ausrichtung auf bestimmte Ziele thematisiert wurde. Dabei werden vor allem zwei Ziele differenziert: (1) das Ziel, die eigenen Fähigkeiten zu erweitern und (2) das Ziel, anderen gegenüber seine Fähigkeiten zu zeigen bzw. geringe Fähigkeiten zu verbergen. Diese Ziele finden sich in fast allen Theorieansätzen, die sich mit der Lern- und Leistungsmotivation als Zielorientierung beschäftigt haben, allerdings werden diese Ziele – je nach Theorieansatz – unterschiedlich benannt (vgl. Spinath, Stiensmeier-Pelster, Schöne, & Dickhäuser 2002): Ames (1992, 1984a, 1984b) differenziert *mastery goals* vs. *performance goals* (vgl. Ames & Ames, 1984), Dweck (1986) differenziert *learning goals* vs. *performance goals* (Dweck & Leggett, 1988; vgl. Dalbert & Stöber, 2004) und Nicholls (1984) differenziert *task orientation* vs. *ego orientation.* Während *mastery goals* oder *learning goals* also die Steigerung der eigenen Kompetenz bzw. das Erwerben neuer Fertigkeiten und Fähigkeiten umfassen, fokussieren *performance goals* oder die *ego orientation* (vgl. Huitt, 2011) das Erreichen norm-basierter Standards (Gütemaß) bzw. besser zu sein als andere oder ohne viel Aufwand gut zu sein. Letzteres wird von Spinath et al. (2002) auch als Konzept der Arbeitsvermeidung beschrieben. Zusätzlich zu diesen beiden Zielausrichtungen weisen einige Autor/-innen auch auf eine weitere Zielausrichtung, nämlich die *social goals* hin, die Beziehungen zwischen den Menschen fokussiert (vgl. Ames, 1984a, 1984b, 1992; Dweck, 1986; Urdan & Maehr, 1995). In Bezug auf Atkinsons und Weiners Ansatz haben empirische Studien gezeigt, dass die Tendenz Misserfolg vermeiden zu wollen in Zusammenhang mit *performance goals* steht, wohingegen die Tendenz Erfolg zu erzielen häufiger mit *mastery goals* in Verbindung steht (vgl. Huitt, 2011).

Aufbauend auf diesen begrifflich unterschiedlichen Ansätzen haben Spinath et al. (2002) für den deutschsprachigen Raum geschlussfolgert, dass sich die beiden Orientierungen mit den unterschiedlichen Begrifflichkeiten am besten durch das Begriffspaar (1) Lernziele und (2) Leistungsziele beschreiben lassen: Lernziele beinhalten – wie bereits oben beschrieben – das Erweitern der eigenen Fähigkeiten, wobei der eigene Lernprozess im Mittelpunkt steht (Kompetenzgewinn) und die Annahme zugrunde liegt, dass Intelligenz veränderbar ist (Urhahne, 2008). Im Mittelpunkt der Leistungsziele steht die Demonstration von Wissen und Können, was gleichzeitig auch das Verbergen von nicht vorhandenem Wissen oder Können impliziert, d. h., die zu erbringende Leistung steht im Vordergrund (Kompetenzbesitz), wobei Intelligenz als unveränderbar verstanden wird (Dweck & Leggett, 1988; Elliot & Harackiewicz, 1996; vgl. Spinath et al., 2002; Urhahne, 2008). Entsprechend werden die Leistungsziele in Annäherungs-Leistungsziele (ALZ) (⇒ Demonstration höherer Fertigkeiten) und Vermeidungs-Leistungsziele (VLZ) (⇒ Verbergen mangelnder oder fehlender Fertigkeiten) näher differenziert. Hinzu kommt das bereits oben kurz erwähnte Konzept der Arbeitsvermeidung (AV) in Lern- und Leistungssituationen, wobei das Bemühen, möglichst wenig Arbeit, Ausdauer und Fleiß zu investieren, im Vordergrund steht. Dabei spielen der Lernerfolg, die Leistungsergebnisse oder die Frage nach den eigenen Fähigkeiten keine Rolle (vgl. Spinath et al., 2002). Die Autor/-innen weisen auch darauf hin, dass die teils divergierenden Ziele (LZ, ALZ, VLZ, AV) von einem Schüler bzw. einer Schülerin im Schulkontext gleichermaßen verfolgt werden können, wobei der Einfluss externaler Faktoren (z. B. Lehrkraft, Peers) berücksichtigt werden muss (Spinath et al., 2002).

In Verknüpfung zu Deci und Ryans Selbstbestimmungstheorie muss hier auch noch darauf aufmerksam gemacht werden, dass viele Motivationstheoretiker die Lernziele (*mastery/learning goals*) mit der intrinsischen Motivation[5] verbinden, wohingegen die Leistungsziele (*performance goals*) eher der extrinsischen Motivation zugeschrieben werden (Pintrich & Schunk, 1996; Utman, 1997; Murdock & Andermann, 2006). Auch wenn diese Konzepte in engem Zusammenhang stehen (und in der Literatur fälschlicherweise oft synonym verwendet werden), sind sie doch konzeptionell unterschiedlich (Harackiewicz & Elliot, 1993; Elliot & Harackiewicz, 1996), insofern die Zielorientierungen Motivation begünstigen bzw. behindern: Während Lernziele (*mastery/learning goals*) intrinsische Motivation begünstigen, vermindern Leistungsziele eben diese und begünstigen dabei extrinsische Motivationsformen (so die meist vertretene Meinung innerhalb der Motivationsforschung), wobei Elliot und Harackiewicz (1993, 1996) zeigen konnten, dass nur Vermeidungs-Leistungsziele intrinsische Motivation vermindern, nicht aber Annäherungs-Leistungsziele. Zudem konnte in einer Metaanalyse gezeigt werden, dass Lernziele im Vergleich zu Leistungszielen günstiger für den Lernprozess sind (Utman, 1997; vgl. Urhahne, 2008), wobei die Lernziele vor allem positiv mit Interesse und weniger stark mit den Lernergebnissen in Zusammenhang stehen (Harackiewicz, Barron, Pintrich, Elliot, & Trash, 2002; vgl. Urhahne, 2008). Da Leistungsziele (*performance goals*) also extrinsische Motivation begünstigen bzw. Vermeidungs-Leistungsziele intrinsische Motivation vermindern, gilt es im Schulkontext vor allem, Lernziele (*learning goals/mastery goals*) zu unterstützen und damit die intrinsische Motivation in den Kindern und Jugendlichen zu pflegen, zu kultivieren und vor allem aufrechtzuerhalten, die sie von Geburt an mitbringen. Inwiefern sich Motivation im Laufe der Kindheit und Jugend entwickelt bzw. verändert wird im folgenden Kapitel noch detaillierter thematisiert.

5 An dieser Stelle muss auch darauf hingewiesen werden, dass in der Literatur verschiedene Verständnisse von intrinsischer und extrinsischer Motivation kursieren. Für einen Überblick siehe Rheinberg 1994/2005 S. 150ff.

3. Motivationsverläufe in Kindheit und Adoleszenz

Man geht davon aus, dass neben angeborenen biologischen Motiven (vgl. Bedürfnistheorien der Motivation, Kapitel 1.1), die im Zuge der individuellen Entwicklung sehr unterschiedlich ausgeprägt werden können, auch eine Vielzahl an erworbenen Motiven unser Handeln bestimmt, die aus der stetigen Interaktion des Individuums mit seiner Umwelt resultieren (vgl. Schlag, 1995). Zu diesen erworbenen Motiven zählt auch die Leistungsmotivation, wobei dieser im Kern ein angeborenes Bedürfnis zugesprochen wird: Die Neugiermotivation bzw. das Explorationsbedürfnis, das wir ganz leicht bei jedem Kleinkind erkennen können, das lebhaft die Umgebung zu erkunden sucht (vgl. Oerter & Montada, 2008; Schlag, 1995). Wenn diese Umgebung besonders reizvoll ist, d. h. anregend aber nicht überfordernd, dann kommt das zudem der kognitiven Entwicklung zugute. Im Umkehrschluss wird die kognitive Entwicklung durch eine reizarme bzw. reizmonotone Umgebung gehemmt (vgl. Schlag, 1995). Bereits bei Säuglingen wecken verschiedene Reize und Bewegungen deren Aufmerksamkeit. In einer ersten Entwicklungsphase sucht das Kind zunächst wiederkehrende Reize, deren Auftreten das Kind daraufhin vorhersagen kann, um diese dann später selbst herzustellen (vgl. Schlag, 1995). Damit einher geht eine Freude an der Aktivität, die im weiteren Entwicklungsverlauf zunehmend gerichteter wird: Das Kind erlebt Freude am Effekt, was dazu führt, dass das Kind versucht diesen Effekt aktiv wiederholt herbeizuführen. Der aufmerksame Leser mag jetzt zu Recht an Piaget denken, der diese Entwicklung in der sensomotorischen Phase anhand dreier Stufen von Kreisreaktionen beschreibt (Piaget, 1964): (1) Primäre Kreisreaktion (1.–4. Lebensmonat): In dieser Stufe beschränkt das Kind seine Aktivitäten zunächst auf den eigenen Körper – später dann an Gegebenheiten der Umwelt, wobei Handlungen mit angenehmen Effekten wiederholt werden (= Kreisreaktion) (vgl. Mietzel, 2007). (2) Sekundäre Kreisreaktion (4.–8. Lebensmonat): In dieser Stufe entdeckt das Kind, dass die eigenen Aktivitäten bestimmte Effekte in der Umwelt hervorrufen können. Damit können Handlungen erstmals zum Erreichen eines Ziels eingesetzt werden, dem eine Differenzierung von gewünschtem Ziel bzw. Effekt und der angewendeten Aktivität zur Erreichung des Ziels immanent ist. Typisch hierbei ist das Erzeugen von Geräuschen, indem das Kind Gegenstände zu Boden fallen lässt, wobei es Freude empfindet – eine Vorform der Leistungsmotivation. Die Kinder verstärken ihr Handeln dabei selbst. Bereits hier können Eltern negativ auf die Leistungsmotivationsentwicklung einwirken, wenn die wiederholten Handlungen gestoppt und/oder geahndet werden, weil die Eltern sich durch den Lärm gestört fühlen (vgl. Schlag, 1995). Dieser Stufe schließt sich das intentionale Verhalten (8.–12. Lebensmonat) an, wenn bereits bekannte Effekte auf eine Aktivität in neue Situationen übertragen werden. (3) Tertiäre Kreisreaktion (12.–18. Lebensmonat): In dieser Stufe zeigt das Kind an jeder neuen Reizsituation Interesse, wobei im Zentrum die Vorhersage von bestimmten Reaktionen bzw. Effekten und persönlichen Einwirkungsmöglichkeiten diesbezüglich steht. Erst wenn das Kind die Fähigkeit erworben hat, dass bestimmte Ereignisse vorhersehbar und herstellbar sind, wendet es sich neuen Reizen zu und die eigentliche explorative Aktivität beginnt (vgl. Hunt, 1965; vgl. Schlag, 1995). Damit ist sozusagen der Grundstein der Leistungsmotivation gelegt.

Inwiefern sich aus dieser ersten Freude an der Aktivität und der Freude am erzielten Effekt die Leistungsmotivation entwickelt, beschreibt Heckhausen (1980/1989) als einer der ersten Motivationsforscher – aufbauend auf seinen empirischen Erkenntnissen[6] zu „Anfänge und Entwicklung der Leistungsmotivation (I.): Im Wetteifer des Kleinkindes" (Heckhausen & Roelofsen, 1962) und „Anfänge der Entwicklung der Leistungsmotivation (II.): In der Zielsetzung des Kleinkindes. Zur Genese des Anspruchsniveaus" (Heckhausen & Wagner, 1965) – in Form von Entwicklungsmerkmalen der Leistungsmotivation, wobei er einen rückwärtsgerichteten Blick ansetzt, indem er von der hoch elaborierten Leistungsmotivation der Erwachsenen ausgeht und untersucht, wie und wann sich in der Kindheit die erforderlichen

---

[6] Heckhausen und Roelofsen (1962) hatten Kinder in verschiedenen Altersstufen beim Bau eines Turmes im Wettstreit mit dem Versuchsleiter beobachtet, was auf schwarz-weiß Filmen dokumentiert wurde.

Komponenten dieses komplexen Verhaltensregulationssystems entwickeln (vgl. Heckhausen & Heckhausen, 2011). Die so identifizierten Entwicklungsmerkmale der Leistungsmotivation können wie folgt beschrieben werden: (1) Bereits im ersten Lebensjahr kann das Kind differenzieren, ob es selbst oder eine andere Person den Effekt erzeugt hat (siehe oben). Dabei ist die erlebte Freude größer, wenn es selbst den Effekt hergestellt hat (vgl. Schlag, 1995). Dieses Entwicklungsmerkmal wird auch als „Bewusstes Erleben eigener Wirksamkeit" bezeichnet (vgl. Krapp & Hascher, 2014). (2) Im zweiten und dritten Lebensjahr erfolgt die Zentrierung auf ein selbstbewirktes Handlungserlebnis, was mit der Entwicklung einer Vorstellung vom eigenen Ich (Selbstkonzept) in Verbindung steht, gefolgt von der Rückführung des Handlungsergebnisses (Erfolg oder Misserfolg) auf die eigene Tüchtigkeit und deren Selbstbewertung. D. h., bereits im Alter von zweieinhalb bis drei Jahren wetteifern Kinder bei ihren Spielen und erleben dabei Erfolg oder Misserfolg, was sie emotional zum Ausdruck bringen können. Heckhausen (1980/1989) geht deshalb davon aus, dass die frühe Kindheit bei der Entwicklung des Leistungsmotivs eine prägende Wirkung hat. Diese Entwicklungsphase, die umgangssprachlich auch als „Trotzphase" bezeichnet wird, wird in der Motivationsforschung als Phase des „Selber machen Wollens" (vgl. Krapp & Hascher, 2014) bzw. als „Wetteiferstadium" (Heckhausen 1980/1989) deklariert. Charakteristisch dafür ist der unbändige Wille der Kinder, alles selber machen zu wollen und keine Hilfe in Anspruch nehmen zu wollen. Interessant ist auch, dass Kinder erst ab 18–24 Lebensmonaten die Leistung anderer, mit denen sie wetteifern, überhaupt wahrnehmen. Davor sind sie völlig auf ihr eigenes Tun fokussiert. (3) Parallel wird im Anschluss an Piagets sensomotorische Phase mit Beginn des zweiten Lebensjahres der Fokus des Kindes auf Handlungsergebnisse und deren Qualität gelegt. Mit anderen Worten, die Kinder sind bemüht Handlungssequenzen korrekt durchzuführen, d. h., sie entwickeln ein Gefühl für gewisse Gütemaßstäbe. Dementsprechend wird dieses Entwicklungsmerkmal auch als „Orientierung an Gütemaßstäben" bezeichnet (vgl. Krapp & Hascher, 2014). (4) Frühestens mit 3.5 Lebensjahren beginnen Kinder dann diese Gütemaßstäbe bzw. das Handlungsergebnis (Erfolg oder

Misserfolg) mit der Tüchtigkeit des eigenen Handelns und dessen Selbstbewertung in Verbindung zu setzen. D. h., gleichzeitig wird das Selbstkonzept weiterentwickelt, insofern Vorstellungen vom eigenen Handlungspotenzial mit aufgenommen werden. Indikatoren dafür sind die emotionalen Reaktionen wie Stolz bei Erfolg bzw. Scham bei Misserfolg, die Heckhausen und Roloefson (1962) übrigens erst bei Kindern ab 42 Lebensmonaten verzeichnen konnten (vgl. Krapp & Hascher, 2014). Entwicklungspsychologisch erklären Heckhausen und Heckhausen (2010) dieses Phänomen als Wandel vom effektmotivierten zum leistungsmotivierten Handeln. Damit wird folglich eine entscheidende Komponente der Leistungsmotivation geschaffen (vgl. Schlag, 1995). Dieses Entwicklungsmerkmal wird entsprechend auch als „Verknüpfung der Handlungsergebnisse mit der Einschätzung eigener Fähigkeiten" beschrieben (vgl. Krapp & Hascher, 2014). (5) In den folgenden Lebensjahren steht die „Entwicklung persönlicher Standards und spezifischer Attributionsmuster" im Mittelpunkt der sich entwickelnden Leistungsmotivation des Kindes. Dabei kann das Kind erst eigene Leistungsmaßstäbe (Anspruchsniveau) entwickeln, wenn es – entsprechend Weiners Attributionstheorie (siehe oben) – den Grad der Aufgabenschwierigkeit (external) und die eigene Tüchtigkeit (internal) differenzieren und in Verbindung setzen kann. Heckhausen und Wagner (1965) beschreiben diesbezüglich zwei entscheidende Wendepunkte (vgl. Schlag, 1995): (a) Mit ca. 3.5 Jahren schreibt das Kind das Handlungsergebnis (Erfolg/Misserfolg) dem eigenen Bemühen zu, wobei tendenziell immer schwierigere Leistungsaufgaben (Leistungsanstieg) gewählt werden. (b) Mit ca. 4.5 Jahren ist das Kind bestrebt Misserfolge durch vermehrte Anstrengung auszugleichen, wobei sich das Ziel an bisherigen Erfolgen orientiert (vgl. Schlag, 1995). Damit keimt eine erste Idee des eigenen Leistungsvermögens auf, mit dem unterschiedliche Zielsetzungen und Grade der Aufgabenschwierigkeit einhergehen. Mit anderen Worten, anhand bisheriger Erfolge leitet das Kind zukünftige Erfolgswahrscheinlichkeiten ab, wodurch das individuelle Anspruchsniveau – und damit ein weiterer bedeutender Meilenstein in der Entwicklung der Leistungsmotivation – generiert wird. Gütemaßstäbe können sowohl aus einer Auseinandersetzung mit der

Sache selbst hervorgehen als auch sozial vermittelt werden. Seit Kurt Lewin (1926) wird die Setzung eines Gütemaßstabs als „Anspruchsniveau“ bezeichnet, insofern er als Anspruch an die eigene Leistung erlebt wird.

Die Anspruchsniveaubildung bestimmt die Aufgabenwahl zwischen dem vierten und achten Lebensjahr. Diese wird mit jedem Jahr stärker und dauert bis mindestens zum zehnten Lebensjahr an. Parallel dazu erfolgt die nähere Differenzierung der ursprünglichen kindlichen Attribution der Tüchtigkeit bzw. Anstrengung (internal) in (a) Anstrengung (flexibel) und (b) Fähigkeit (stabil) (vgl. Kapitel 2.1: Weiners Attributionstheorie), wobei Kinder erst ab einem Alter von 10 Jahren in der Lage sind[7] ihre eigene Fähigkeit zu fassen und mit Anstrengung zu verknüpfen: „Ich kann meine geringen Fähigkeiten durch mehr Anstrengung ausgleichen (und umgekehrt).“ (vgl. Schlag, 1995; vgl. Dweck & Leggett 1988). Einer Studie von Nicholls (1978) zufolge, verstehen Kinder ab dem fünften bis sechsten Lebensjahr die eigene Anstrengung als Erklärung für die eigene Leistung, wobei sie eigene Erfahrungen, sowie Fremderfahrungen und Anschauungen als Maßstab für die Leistung und das Ergebnis anerkennen. Nicholls und Miller (1985) konnten zudem zeigen, dass Grundschulkinder bereits zwischen Anstrengung (internal) und Glück (external) in Bezug auf ihre Leistung (Erfolg) differenzieren.

Ab dem zehnten Lebensjahr sind das Leistungsmotiv und bevorzugte Standards (Erfolgs- vs. Misserfolgsorientierung) bereits so stabil, dass Vorhersagen für das Leistungsverhalten im Erwachsenenalter möglich sind. Bereits bei Zwölfjährigen konnte Nicholls (1979) zeigen, dass leistungsstarke Schüler/-innen ihre Erfolge vor allem ihren hohen Fähigkeiten und Misserfolge mit Pech attribuieren, wohingegen leistungsschwache Schüler/-innen ihre Erfolge mit viel Anstrengung und Glück erklären, ihre Misserfolge mit mangelnden Fähigkeiten. D. h., die Grundschulzeit stellt eine zentrale (letzte) Möglichkeit dar,

---

7 Wenn einem Kind im sechsten Lebensjahr Fähigkeit veranschaulicht wird, so ist das Kind in der Lage, Fähigkeit sinngemäß zu erklären.

in die Entwicklung der kindlichen Leistungsmotivation noch steuernd einzuwirken, um ungünstige Motivationsmuster (z. B. Misserfolgsorientierung, internale Attribution) zu vermeiden und günstige Motivationsmuster (z. B. Erfolgsorientierung, externale Attribution) zu unterstützen, was der Herausbildung eines realistischen Anspruchsniveaus zugutekommt. Schließlich definierte Heckhausen (1965) die Leistungsmotivation auch als „das Bestreben, die eigene Tüchtigkeit in all jenen Tätigkeiten zu steigern oder möglichst hochzuhalten, in denen man einen Gütemaßstab für verbindlich hält und deren Ausführung deshalb gelingen oder misslingen kann" (Heckhausen, 1965, S. 604). Dabei ist festzuhalten, dass der Gütemaßstab einer (a) individuellen und (b) sozialen Bezugsnorm folgen kann, d. h., bei der individuellen Bezugsnorm (die sich mit dem vierten Lebensjahr entwickelt) werden Handlungsergebnisse mit den früheren Leistungen des Individuums verglichen, wobei bei der sozialen Bezugsnorm (die sich erst etwa mit dem achten Lebensjahr entwickelt) Handlungsergebnisse mit denen anderer (z. B. Mitschüler/-innen, Klasse) verglichen werden. In verschiedenen Lebensbereichen können diese Gütemaßstäbe sowohl sozial-normativ als auch individuell-autonom vermittelt bestehen und nebeneinander existieren (Heckhausen, 1972).

Zusammenfassend kann man sagen, dass das Leitungsmotiv zunächst autonom ist (das kleine Kind vergleicht seine Leistungen mit vorherigen Leistungen, nicht mit denen anderer Kinder), im Schulalter dann durch die Sozialbezugsnorm (Mitschüler/-innen, Klasse) sozial-normativ wird und sich in der weiteren Entwicklung oftmals ein integriertes Leistungsmotiv entwickelt, das beide Motivarten zusammenführt.

Fast zeitgleich mit Heinz Heckhausens Theorie haben sich auch Dweck und Leggett (1988) sowie Nicholls (1979) mit Theorien zur Entwicklung der Leistungsmotivation beschäftigt, die sehr ähnlich sind und acht Stufen differenzieren, die aber aufgrund der Überschneidungen mit dem oben ausführlich skizzierten Ansatz von Heckhausen nicht detailliert dargestellt werden: (1) Das Kind hat Freude am Effekt, (2) das Kind entdeckt die Freude am Selbermachen, (3) das Kind entdeckt, dass das Handlungsergebnis und seine eigene Tüchtigkeit miteinander in Zusammenhang stehen, (4) das Kind unterscheidet zwischen dem eigenen Können und der Schwierigkeit der gestellten Aufgabe, (5) das Kind setzt sich ein eigenes Anspruchsniveau, (6) das Kind sieht die eigene Anstrengung als Erklärung für seine Leistung, (7) die Fähigkeit als Erklärung für die Leistung des Kindes, (8) Unterschiede bei der Wahrnehmungsbeurteilung von Glück und Anstrengung in den verschiedenen Altersgruppen. Zum letzten Punkt bedarf es allerdings noch einiger Ausführungen, da Nicholls (1979) in der Fähigkeitsattribution *die* entscheidende Komponente der Leistungsmotivation im Jugend- und Erwachsenenalter sieht (vgl. Schlag, 1995), insofern nur derjenige bzw. diejenige ein optimales Anspruchsniveau entwickeln kann, der seine bzw. ihre Fähigkeit angemessen und möglichst hoch bemisst. Wenn man sich grundsätzlich eine geringe Fähigkeit zuschreibt, dann geht damit die Meinung einher, dass man diese nicht durch vermehrte Anstrengung ausgleichen kann („dumm bleibt dumm") und außerdem Gefahr läuft, dass die Lösung einer Aufgabe stark von externalen Ursachen (Pech, Aufgabenschwierigkeit, Zufälle) abhängig ist. Heckhausen (1980/1989) konnte diesbezüglich feststellen, dass in der Fremdbewertung (durch andere) vor allem die Anstrengung des Individuums als Ursachenzuschreibung erfolgt, wohingegen in der Selbstbewertung häufig eine Tendenz zur Fähigkeit als Ursachenzuschreibung zu verzeichnen ist, wobei man hier interindividuelle Unterschiede je nach Erfolgs- bzw. Misserfolgsorientierung berücksichtigen muss (siehe oben). Heckhausen (1980/1989) argumentiert, dass sich anstrengen zu müssen, um mithalten zu können, besonders im Jugendalter mit negativen Gefühlen verbunden ist und damit die Fähigkeitsattribution zum bedeutenden Faktor der emotionalen Selbstbewertung wird (vgl. Schlag, 1995). Im Umkehrschluss tendieren gerade Lehrkräfte dazu gute Leistungen trotz niedriger Fähigkeit positiv zu bewerten, um den Wert der Anstrengung zu betonen: „Du musst dich nur anstrengen, dann hast du auch Erfolg" (vgl. Schlag, 1995).

Stipek, Recchia und McClintic (1992) unterscheiden anhand empirischer Untersuchungen in der Entwicklung leistungsbezogener Selbstbewertung lediglich drei Phasen, wobei sie dabei den Fokus auf die Bewertung der kindlichen Handlungen durch deren soziale Bezugspersonen legen: (1) Demzufolge zeichnet sich die erste Phase dadurch aus, dass die Leistung bzw. die Handlungen der Kinder bis zum 22. Lebensmonat noch relativ unabhängig von den Bewertungen anderer sind. (2) Erst ab dem 2. Lebensjahr lernen die Kinder, dass ihre Handlungen bzw. Leistungen entweder anerkennende (z. B. Lob) oder missbilligende (z. B. Tadel) Reaktionen nach sich ziehen. Obwohl Kinder in diesem Alter überwiegend intrinsisch motiviert sind und ihren Entdeckerdrang ausleben, suchen sie gleichzeitig nach Anerkennung von anderen und vermeiden soziale Situationen, wenn sie missbilligende Reaktionen für ihr Verhalten erwarten. D. h., bereits in diesem frühen Entwicklungsstadium können die beiden Tendenzen „Hoffnung auf Erfolg" bzw. „Furcht vor Misserfolg" beim Kind beobachtet werden. (3) Ab dem 3. Lebensjahr entwickeln Kinder eine selbstständige Reaktion auf ihre Leistungen. Mit anderen Worten, sie beginnen sich selbst und ihre Fähigkeiten zu bewerten – vor allem in der Reflexion ihrer Leistungsergebnisse mit internen Standards (ohne soziale Bezugsperson), was durch die Emotionen Freude und Stolz über eine gelungene (vor allem schwierige) Leistung und Scham bei Misserfolgen – vor allem bei sehr einfachen Aufgaben – gekennzeichnet ist (Stipek, 1995). D. h., schon in diesem Alter differenzieren Kinder unterschiedliche Aufgabenschwierigkeitsgrade. Stipek et al. (1992) konnten auch zeigen, dass Kinder Scham bei Misserfolgen allerdings erst später entwickeln als Freude über Erfolg, insofern sie bei Misserfolgen vor dem 30. Lebensmonat einfach die Aufgabe verändern, oder mit Ärger und darauffolgender Abkehr reagieren.

Auch Holodynski (1992) hat sich mit der empirischen Untersuchung der Entwicklung der Leistungsmotivation im Vorschulalter unter Berücksichtigung sozialer Bewertungen beschäftigt. Er stimmt mit den ersten beiden Phasen von Stipek et al. (1992) weitgehend überein, allerdings ist er entgegen der Ansicht von Stipek et al. (1992) der Meinung, dass auch ab dem 3. Lebensjahr die soziale Bezugsperson noch eine bedeutende Rolle in Bezug auf die emotionalen Reaktionen von Freude bzw. Stolz vs. Scham spielt. Um diese Hypothese zu testen hat er 35 Vorschulkindern (18 Mädchen und 17 Jungen im Durchschnittsalter von 62 Lebensmonaten) die Turmbauaufgabe von

Heckhausen und Wagner (1965) gegeben: Sie sollten mit Holzklötzen eine Reihe von Türmen mit unterschiedlich vorgegebener Höhe (d. h. unterschiedlichen Schwierigkeitsgraden) bauen, wobei sie Erfolg oder Misserfolg erzielen konnten (vgl. Holodynski, 2006). Diese Aufgabe wurde einmal alleine und einmal in Gegenwart eines Versuchsleiters durchgeführt, was auf Videoaufzeichnungen festgehalten wurde. Interessanterweise zeigten die Kinder nur Stolz bzw. Scham, wenn auch der Versuchsleiter anwesend war. Lediglich ein einziges Kind zeigte auch Reaktionen von Stolz bzw. Scham, als es alleine war. Damit bestätigte Holodynski seine Hypothese, dass die Anwesenheit einer anderen Person notwendig ist, damit Vorschulkinder sich an einem Gütemaßstab (Tüchtigkeitsmaßstab) orientieren und dementsprechend Reaktionen von Stolz bzw. Scham zeigen (vgl. Holodynski, 2006). Allerdings kann am empirischen Design und Inhalt Kritik geübt werden, da (a) der Ausdruckweise von Emotionen ein kommunikativer Zweck immanent ist, der in der Alleinsituation wegfällt, (b) zudem die Operationalisierung der Ausdrucksindikatoren von Stolz und Scham, die sich beide durch sozialbezogene Ausdrucksreaktionen wie z. B. „Blickzuwendung vs. –abwendung“ oder „sich präsentieren“ vs. „sich vor dem Anderen verstecken“ auszeichnen (wobei auch Ausdruckszeichen wie „zusammengesunkene vs. aufgerichtete Kopf- oder Körperhaltung“ erfasst wurden, die in der Alleinsituation gezeigt werden können), fraglich ist, (c) warum insgesamt nur 13 von 35 Vorschulkindern überhaupt mit Stolz bzw. Scham (die anderen Kinder zeigten „nur“ Freude bzw. Ärger oder Enttäuschung) reagierten. Das weist daraufhin, dass die Aufgabe wahrscheinlich zu wenig leistungsmotivierend und nur effektmotivierend zu wirken scheint, so dass die Kinder mit dieser Aufgabe noch gar keine Tüchtigkeitsmaßstäbe entwickelt hatten (für mehr Details siehe Holodynski, 2006). Holodynski hat die Überprüfung dieser Hypothese mittels eines anderen empirischen Versuchsdesigns erneut untersucht (Holodynski, 2006): 38 Vorschulkinder (19 Mädchen und 19 Jungen im Alter von 42 bis 81 Lebensmonaten) sollten – verteilt auf 3 Versuchsgruppen (Erfolgsgruppe mit erfolgsorientierter Interventionsstrategie, Misserfolgsgruppe mit misserfolgsorientierter Interventionsstrategie, Kontrollgruppe) – Puzzleaufgaben in Anwesenheit eines Erwachsenen (Sozialbedingung) und alleine (Alleinbedingung) bearbeiten, die mit zwei versteckten Kameras videographiert wurden. Darüber hinaus wurden ihre leistungsthematischen Vorerfahrungen in einer vorauslaufenden Intervention (wertschätzend-erfolgsorientiertes vs. neutral-misserfolgsorientiertes Erwachsenenverhalten durch einen Versuchsleiter) gezielt variiert. Auch unter diesen Versuchsbedingungen zeigten die Kinder nur Reaktionen von Stolz bzw. Scham, wenn ein Versuchsleiter anwesend war (Sozialbedingung). Zudem zeigten sie mehr Ausdauer und mehr Misserfolgstoleranz als in der Alleinbedingung, was durch das Ausmaß an erlebter Wertschätzung (durch den Versuchsleiter) positiv moderiert wurde (vgl. Holodynski, 2006). Damit konnte Holodynski folglich seine Hypothese von 1992 bestätigen, dass das leistungsmotivierte Handeln bei Vorschulkindern noch weitgehend an die Anwesenheit eines wertgeschätzten Anderen gebunden ist. Nur 5 der 38 Kinder zeigten, wie von Stipek et al. (1992) behauptet, eine autonome Selbstbewertung anhand von Tüchtigkeitsmaßstäben und damit unabhängig von anderen, allerdings hatten diese in der vorauslaufenden leistungsthematischen Intervention bereits Tüchtigkeitsmaßstäbe entwickeln können.

Auch Jutta Heckhausen (Heckhausen, 1999; Heckhausen & Schulz, 1995; Schulz & Heckhauen 1996; vgl. Heckhausen & Heckhausen, 2011), die Tochter Heckhausens, hat gemeinsam mit Mitarbeiter/-innen ihres Vaters eine „Lebenslauftheorie der Kontrolle" als Motivationstheorie der Lebenslaufentwicklung formuliert (Heckhausen, 1999; Heckhausen & Schulz, 1995; Schulz & Heckhauen 1996; Heckhausen, Wrosch, & Schulz, 2010). Diese Theorie geht von zwei Arten von Kontrollstreben aus: (1) primäres Kontrollstreben und (2) sekundäres Kontrollstreben. Während das primäre Kontrollstreben darauf abzielt Effekte in der Umwelt durch das eigene Verhalten zu erzeugen (z. B. mit Bauklötzen einen Turm zu bauen; zu lernen, um eine Prüfung zu bestehen etc.), geht es beim sekundären Kontrollstreben um die Innenwelt des Individuums, insbesondere um die motivationalen Ressourcen (vgl. Heckhausen & Heckhausen, 2011), wobei zwischen der Erhöhung der volitionalen Selbstverpflichtung in Bezug auf ein Ziel und der Abwehr bei Bedrohung motivationaler Ressourcen

(z. B. dem Selbstwert) differenziert wird. Heckhausen (1999) nennt als Beispiel für das sekundäre Kontrollstreben im Sinne der Volition das Ausmalen der Vorteile einer Zielerreichung, um sich vor Ablenkungen auf dem Weg zum Erreichen des Ziels zu schützen oder das Sich-Einreden gute Erfolgschancen in Bezug auf ein laufendes primäres Zielstreben zu haben. D. h., dass primäres und sekundäres Kontrollstreben vereint arbeiten, um ein Ziel zu erreichen (Zielengagementphase). Mit anderen Worten, Verhaltens- und Motivationsressourcen können gemeinsam mobilisiert werden (vgl. Heckhausen & Heckhausen, 2011). Heckhausen (1999) (vgl. Heckhausen & Heckhausen, 2011) differenziert des Weiteren drei Arten der Kontrollstrategie in Bezug auf die Zielengagementphase: (1) die selektive primäre Kontrolle, in der Verhaltensressourcen (z. B. Zeit, Anstrengung, Fertigkeiten) eingesetzt werden, um ein Ziel zu erreichen, (2) die selektive sekundäre Kontrolle (= volitionale Selbstregulation), in der eine Erhöhung der Selbstverpflichtung auf das gewählte Handlungsziel erfolgt, sowie (3) die kompensatorische primäre Kontrolle, in der Rat oder Hilfe bei anderen gesucht wird, wenn die eigenen primären Kontrollressourcen nicht ausreichen oder das Beschreiten von Umwegen zum Erreichen des Ziels.

Darüber hinaus spielen Zieldistanzierung und die Protektion motivationaler Ressourcen eine wichtige Rolle, um das Individuum vor Verschwendung der Verhaltens- und motivationaler Ressourcen zu schützen. Machen Umstände es unmöglich ein Ziel zu erreichen bzw. ist dafür zu viel Aufwand nötig, dann ist es hilfreich, sich vom Ziel zu distanzieren, wobei Strategien der kompensatorischen sekundären Kontrolle genutzt werden. Dadurch können Handlungsressourcen für andere erreichbarere Ziele genutzt werden und mögliche negative Effekte (Misserfolg, Kontrollverlust in Bezug auf den Selbstwert, Verlust des Optimismus) verhindert werden. Der aufmerksame Leser wird jetzt sofort an die externale Attribution denken, da dadurch das Selbst vor all diesen Gefahren geschützt wird. Eine weitere Strategie ist der Vergleich mit anderen, denen es schlechter geht (vgl. Heckhausen & Heckhausen, 2011).

Unabhängig der theoretischen Ansätze, weiß man in Hinblick auf die Qualität bzw. den Grad der Selbstbestimmung (intrinsisch/extrinsisch) der schulischen Motivation aus bisherigen empirischen Studien, dass Kinder in den ersten Grundschuljahren besonders intrinsisch motiviert sind, d. h. sie lernen von „innen heraus“, aus eigenem Antrieb und Interesse, weil wir alle mit einem angeborenen Wissensdrang auf die Welt kommen (vgl. Raufelder, 2014). Allerdings verlieren die meisten Kinder ihre intrinsische Motivation mit Beginn der Pubertät bzw. ersetzen diese durch extrinsische Impulse (Belohnung, Lob usw.) (Zinnecker et al., 2003). Parallel dazu setzt bei den meisten Schüler/-innen mit Eintritt in die Sekundarschule ein generelles Motivationstief ein, das sich im Zuge der Adoleszenz weiter verstärkt. Studien haben gezeigt, dass dieser Trend bei den meisten Schüler/-innen seinen Tiefpunkt in der 9. Klasse erreicht (Harter, 1996, Eccles, Wigfield, & Schiefele, 1998, Watt, 2004, Zusho & Pintrich, 2001). D. h., nicht nur die Motivation an sich, sondern auch die Qualität der schulischen Motivation nimmt mit Einsetzen der Adoleszenz rapide ab (Deci & Ryan, 1985, Wigfield & Eccles, 2002, Wigfield, Eccles & Rodriguez, 1998). Zudem konnte eine Längsschnittstudie (Jacobs et al. 2002) in Anlehnung an das erweiterte Erwartungs-Wert-Modell (Eccles & Wigfield, 2002) zeigen, dass der subjektive Wert, der der Aufgabe zugeschrieben wird, in großem Zusammenhang mit der Selbstkompetenz der Schüler/-innen stehe, die allerdings im Laufe der gesamten Schulzeit ebenfalls stetig abnimmt (bei Jungen mehr als bei Mädchen) und damit auch die subjektiven Aufgabenwerte (Jacobs et al., 2002). Welche mögliche Rolle dabei sozio-kontextuelle Einflussgrößen spielen, wird im nächsten Kapitel thematisiert.

4. Sozio-kontextuelle Einflussgrößen schulischer Motivation

In den letzten 30 Jahren der Leistungsmotivationsforschung haben sich Wissenschaftler/-innen mehr und mehr mit der Frage beschäftigt, welche Faktoren die individuelle Wahl, die Ausdauer und den Fleiß in Bezug auf akademische Aktivitäten bestimmen: Während zuerst vor allem Aspekte des Selbst fokussiert und damit Motivation als Charakteristikum des Individuums verstanden wurde (vgl. Wigfield, Eccles & Rodriguez, 1998), untersuchten Studien in den letzten Jahren mit wachsender Beliebtheit soziale Einflussgrößen in Bezug auf Lernen und Motivation (Deci & Ryan, 2000a, 2000b; Eccles, Wigfield, & Schiefel, 1998; Raufelder, Jagenow, Drury, & Hoferichter, 2013). Schließlich ist die Verhaltensausstattung des Kindes von Geburt an auf den Aufbau von Sozialkontakten ausgerichtet (Schmidt-Denter, 2005). So entwickelt sich – entsprechend der verschiedenen Sozialisationsinstanzen (Hurrelmann, 2002) – im weiteren Lebensverlauf ein komplexes System sozialer Beziehungen (Asendorpf & Banse, 2000; Schmidt-Denter, 2005). Im Kontext der Familie als primäre Sozialisationsinstanz, spielen dabei vor allem die Eltern eine zentrale Rolle bei der Entwicklung und dem Aufbau individueller Motivationsprofile in der frühen Kindheit, aber auch im weiteren Verlauf von Kindheit und Jugend, insbesondere durch Erziehungsstile und Attributionen, sowie Überzeugungen und Erwartungen ihr Kind betreffend, wohingegen Peers und Lehrer/-innen als sekundäre Sozialisationsinstanzen die Motivation im schulischen Kontext maßgeblich mitbestimmen. So „sind die Chance zur Realisierung positiver Entwicklungsmöglichkeiten und die Förderung des kindlichen Erfahrungs- und Leistungsstrebens in hohem Maße von den Sozialisationsbedingungen abhängig, unter denen das Kind aufwächst“ (Schlag, 2013, S. 97).

4.1 Die Rolle der Eltern

Wie bereits oben thematisiert wird in der frühen und mittleren Kindheit die Basis für die Ausprägung des je individuellen Motivationsmusters und der Handlungsregulation gelegt. Dabei spielt die Eltern-Kind-Interaktion als Sozialisationsbedingung eine bedeutende Rolle, schließlich beeinflussen Erziehungsstile und -aspekte (z. B. autonomieunterstützendes vs. kontrollierendes Verhalten), Sanktionen (Lob vs. Tadel), Unterstützung, emotionale Bindung, Attributionen für Erfolg/Misserfolg der Kinder, Erwartungen, verbindliche Ziele und Strukturen den Prozess der Entwicklung der Gütemaßstäbe eines Kindes (vgl. Trudewind, Brünger, & Krieger, 1986). Dabei wird die Leistungsmotivation der Kinder begünstigt, wenn Eltern ihr Kind mit einem hohen, aber nicht überforderndem Anspruchsniveau in ihrer Selbstständigkeit fördern (vgl. Heckhausen & Oswald, 1969). Wohingegen die Leistungsmotivation gehemmt wird, wenn Eltern ein niedriges Anspruchsniveau vorgeben und ihr Kind häufig tadeln, bestrafen, sowie in seinem Autonomieerleben stark einengen (vgl. Schlag, 2013), oder ein zu hohes Anspruchsniveau vorgeben, das die Fähigkeiten des Kindes übersteigt und meist mit dem Erleben von Stress, Druck und Angst einhergeht (vgl. Fuß, 2006). D. h., Eltern sollten die Ausprägung ihrer Leistungsansprüche bzw. Gütemaßstäbe an die Tüchtigkeit und Fähigkeiten des Kindes anpassen, um die Ausprägung des Leistungsmotivs bestmöglich zu unterstützen. „Bei schlecht auf den Entwicklungsstand des Kindes abgestimmten oder anderweitig ungünstigen elterlichen Einflüssen kann die Entwicklung von Motivation und Handlungsregulation auch fehlgesteuert werden und über die Entwicklungszeit hinweg zu maladaptiven Motivationssyndromen führen (Heckhausen & Heckhausen, 2011, S. 439)." Stellen wir uns zum Beispiel vor, dass der sechsjährige Paul aus eigenem Interesse, seinem Entdeckungsdrang folgend, einen Bagger mit allen zur Verfügung stehenden Teilen aus seinem Märklinkasten baut. Nach einigen Stunden des Überlegens, Ausprobierens und Zusammenbauens, bei dem er im Flow-Erleben die Zeit vergessen hat, hat er tatsächlich einen voll funktionstüchtigen Bagger gebaut. Gemessen an der Aufgabenschwierigkeit und der notwendigen Tüchtigkeit, die Paul zur Erledigung der Aufgabe aufgebracht hat, verbucht er das – gemessen an seinem Gütemaßstab – als Erfolg. Insofern präsentiert er den Bagger voller Stolz am Abend seinem Vater. Sein Vater schaut den Bagger an und sagt: „Du kannst auch einen richtigen Bagger bauen, wie es hier in der Anleitung von Märklin beschrieben ist. Ich besorge dir auch alle Teile, die du dafür brauchst." Paul hat daraufhin keine weiteren Bagger mehr gebaut. Die Nachricht, die Paul durch die Reaktion seines Vaters erhalten hat, könnte man wie folgt zusammenfassen: „So wie du den Bagger gebaut hast, ist es kein richtiger Bagger. Du hast es falsch gemacht." D. h., Paul erfährt keine Wertschätzung, seine Kreativität und Eigenleistung wird nicht belohnt (verstärkt) und langfristig werden sich solche Rückmeldungen negativ auf sein Selbstkonzept und seinen Selbstwert („Ich kann nichts. Ich bin nichts wert.") auswirken. Darüber hinaus muss Paul seinen Gütemaßstab überdenken, denn was er als Erfolg gedeutet hat, ist durch die Rückmeldung seines Vaters als Misserfolg zu deuten. Gleichzeitig erfährt das Kind in so einer Situation keine emotionale Wärme oder Bindung. Auch bietet der Vater keine Unterstützung an („Ich helfe dir auch dabei."), er bietet lediglich an, die nötigen Teile zu kaufen. Mit der Aufgabe selbst wird Paul hingegen allein gelassen. Möglicherweise kann man hier sogar von einer Überforderung sprechen, wenn der Bagger nach Anleitung beispielsweise für Kinder ab 10 Jahren konzipiert wurde. Zudem wird die intrinsische Motivation und Kreativität von Paul, einen eigenen selbstkonstruierten Bagger zu bauen, nicht gewertschätzt, stattdessen wird eine vorgegebene Aufgabe („Bauen nach Plan") gesetzt, die Paul langweilig findet. Wenn Paul diesen vermeintlichen Misserfolg nun auch noch internal attribuiert (d. h., der Misserfolg wird mit mangelnden eigenen Fähigkeiten begründet), dann begünstigt dies die Ausbildung eines ungünstigen Motivationsmusters (Misserfolgsmotiv, bei dem Erfolge auf z. B. Zufall zurückgeführt werden und Misserfolge auf mangelnde eigene Fähigkeiten, was wiederum das Fähigkeitsselbstkonzept negativ beeinflusst). An diesem fast banal anmutenden Beispiel wird deutlich, in welchem Ausmaß und mit welchen langfristigen Folgen elterliches Verhalten auf die Entwicklung der Motivation und Handlungsregulation des Kindes wirkt. So überrascht es auch nicht, dass in einer Studie gezeigt werden konnte, dass der Zusammenhang zwischen den elterlichen Überzeugungen und den kindlichen Überzeugungen hinsichtlich der Leistungsfähigkeit des Kindes stärker war, als der Zusammenhang zwischen den kindlichen Überzeugungen und seinen eigenen tatsächlichen Leistungen (Parsons, Adler, & Kaczala, 1982).

Mit Eintritt in die Schule werden Kinder dann zudem in Leistungsvergleiche hineingezwungen, die durch Eltern und Lehrer/-innen meist noch begünstigt werden. D. h., Kinder orientieren sich mehr und mehr an den Leistungen anderer[8] und an den Erwartungen wichtiger Bezugspersonen (im Grundschulalter vor allem Eltern und Lehrkräfte) (vgl. Schlag, 2013). Dem erweiterten Erwartungs-Wert-Modell (siehe oben) entsprechend, wird Leistungsmotivation durch die generellen Überzeugungen der Eltern (z. B. Geschlechterrollen, *Locus of Control*, Wirksamkeitsüberzeugungen, Überzeugungen der Kindererziehung und interpretative Wahrnehmungsverzerrungen), ihr elternspezifisches Verhalten (Lehrstrategien, Ermutigung an verschiedenen Aktivitäten teilzunehmen, Training spezifischer persönlicher Werte und explizite kausale Attributionen) und ihre kindspezifischen Überzeugungen (was die Erwartungen an die kindliche Leistung beinhaltet, Wahrnehmung von Talenten, Temperament, Interessen und Sozialisationsziele) beeinflusst (Eccles, 2007). Zahlreiche Studien haben nachgewiesen, dass diese elterlichen Überzeugungen und dieses Verhalten Einfluss auf die Überzeugungen des Kindes hinsichtlich seines Selbst und in Bezug auf seine Leistung hat (vgl. Grolnick, Friendly, & Bellas, 2009). So haben insbesondere die elterlichen Erwartungen hinsichtlich der Kompetenz ihres Kindes und der Wert, den Eltern einer Aufgabe beimessen, die das Kind erfüllen soll, einen starken Einfluss auf die Motivation des Kindes in Kindheit und Adoleszenz (Wigfield & Eccles, 2002). Auch elterliche Geschlechterstereotypen wirken direkt auf die Wahrnehmung der Fähigkeiten ihres Kindes in Mathematik, Englisch und Sport, die wiederum die Leistungen des Kindes und seine Fähigkeiten in diesen Fächern beeinflusst, selbst wenn man dabei vorherige Leistungen des Kindes in diesen Fächern mitberücksichtigt (Jacobs & Eccles, 1992;

---

[8] Die Risiken der sozialen Bezugsnorm vs. der individuellen Bezugsnorm werden im Kapitel 4.2 noch ausführlich thematisiert (siehe unten).

vgl. Grolnick, Friendly, & Bellas, 2009). Allerdings bedarf es weiterer und aktuellerer Forschung, die das detaillierte Zusammenspiel (inkl. möglicher Wirkrichtungen und kausaler Zusammenhänge) zwischen Erwartungen, Werten, Leistung und Motivation in Bezug auf den Entwicklungsprozess von Leistungswerten des Kindes über die Zeit untersucht (vgl. Grolnick, Friendly, & Bellas, 2009).

Die Rolle der Eltern in Bezug auf die Lern- und Leistungsmotivation des Kindes ist am meisten im Rahmen der Selbstbestimmungstheorie untersucht worden. Insbesondere positives Involviertsein („Involvement"), was sowohl konkrete Ressourcen (z. B. Zeit, Aufmerksamkeit) als auch Beziehungseigenschaften (z. B. emotionale Unterstützung und Wärme) umfasst, hilft das Bedürfnis nach sozialer Eingebundenheit zu erfüllen (Grolnick & Ryan, 1989). Dabei spielt die tatsächliche Unterstützung (z. B. bei den Hausaufgaben in spezifischen Fächern bzw. die Vermittlung spezifischer Fähigkeiten) eine weniger bedeutende Rolle, als das Gefühl der Verbundenheit (vgl. Bindungstheorie; Bowlby, 1969) und der Wertschätzung, die das Kind erfährt. Das unterstützende und positive Involviertsein der Eltern hilft den Kindern sich verbunden zu fühlen, was beim Aufbau motivationaler Ressourcen der Kinder eine tragende Rolle spielt, die dann wiederum auf die Schulerfahrungen und den Erfolg wirken (vgl. Grolnick, Friendly, & Bellas, 2009). Das genaue Zusammenspiel zwischen Involviertsein, Motivation und Leistung ist jedoch bislang nicht ausreichend geklärt. Grolnick, Friendly und Bellas (2009) vermuten, dass Motivation als potenzieller Mediator in dieser Beziehung fungiert, was in zukünftigen Studien empirisch überprüft werden sollte. Neben dem Erfüllen des Bedürfnisses nach sozialer Eingebundenheit, ist das autonomieunterstützende Verhalten (im Gegensatz zum kontrollierenden Verhalten) der Eltern eine wichtige Einflussgröße auf das Selbstbestimmungserleben des Kindes und damit auch auf dessen Motivation (vgl. Kapitel 2.2). Das Autonomieerleben des Kindes kann insbesondere durch die Übernahme der kindlichen Perspektive, Ermutigung seiner Initiationen und Unterstützung seiner autonomen Lösungsansätze gefördert werden, was in unserem Beispiel mit Pauls selbstgebautem Bagger leider komplett versäumt wurde. Kontrollierendes Elternverhalten zeichnet sich hingegen dadurch aus, dass Eltern in ihrer eigenen Perspektive verharren, auf die Kinder Druck ausüben eine bestimmte Aufgabe zu verfolgen und Problemlösungen vorgeben (vgl. Grolnick, Friendly, & Bellas, 2009). In zahlreichen Studien konnte nachgewiesen werden, dass einem autonomieunterstützenden Elternverhalten (vs. kontrollierendes Elternverhalten) eine Schlüsselfunktion in Bezug auf die schulische Motivation des Kindes innewohnt: Wenn das Bedürfnis des Kindes nach Autonomie gedeckt ist, dann ist es mehr intrinsisch motiviert zu lernen und autonomer selbst-reguliert im schulischen Kontext und engagierter (vgl. Grolnick, Friendly, & Bellas, 2009). Im Umkehrschluss konnte eine Studie sogar zeigen, dass Kinder, die wenig autonomieunterstützendes Elternverhalten wahrnehmen, auch ein niedrigeres Kompetenz- und Autonomieerleben in der Schule berichten, so dass sie allgemein weniger selbstbestimmt in Hinblick auf ihre schulische Motivation waren, was im schlimmsten Fall zu frühzeitigem Schulabbruch führt (Vallerand, Fortier, & Guay, 1997). In dieser Studie wurde zudem die Autonomieunterstützung von Lehrkräften und anderem schulischen Personal berücksichtigt, wobei die Eltern den mit Abstand größten Einfluss aufwiesen. Wenn Kinder ihre Eltern hingegen als kontrollierend wahrnehmen, dann sind sie eher extrinsich motiviert zu lernen, was mit negativeren motivationalen und akademischen Ergebnissen in Zusammenhang steht (vgl. Grolnick, Friendly, & Bellas, 2009).

Neben der Autonomieunterstützung und dem Involviertsein, im Sinne des Bedürfnisses nach sozialer Eingebundenheit, geben Grolnick, Friendly und Bellas (2009) noch zu bedenken, dass womöglich auch Struktur eine entscheidende Funktion in Bezug auf die Lern- und Leistungsmotivation, insbesondere in Bezug auf das Kompetenzerleben des Kindes hat. Struktur meint in diesem Fall konsistente Regeln, Anleitungen und Erwartungen, die Eltern an ihre Kinder haben. Vor allem Studien, in denen Eltern die Kompetenz ihres Kindes während sogenannter Eltern-Kind-Aufgaben-Interaktionen (bei denen das Kind Aufgaben lösen muss unter Anleitung bzw. mit Hilfe der Mutter) unterstützen, haben gezeigt, dass die Qualität der Unterstützung (*quality of assistance*) (z. B. strukturierte Aufgabenstellung, Koordination der

Aktivitäten des Kindes während einer Problemlösung, gezielte Hinweise und Instruktionen) sogar den IQ, die Kompetenz und schulische Leistungen über Jahre hinweg vorhersagt (Englund, Luckner, Whaley, & Egeland, 2004; Pianta, Niemetz, & Bennett, 1997; Mattanah, 2001). Grolnick und Ryan (1989) haben in einer Untersuchung zwei Dimensionen von Struktur unterschieden: (1) Das Bereitstellen von klaren Regeln, Erwartungen und Verhaltensanleitungen und die Vereinbarung von Konsequenzen, wenn die Erwartungen nicht eingehalten bzw. erfüllt werden, sowie (2) der Grad, in dem Regeln und Anleitungen konsistent angewandt und gefördert wurden. Die Ergebnisse haben gezeigt, dass Kinder, deren Eltern auf beiden Dimensionen hohe Werte aufweisen, mehr Kenntnis zeigten, wie sie erfolgreich sein und Misserfolg vermeiden können, sowohl im alltäglichen Leben als auch auf den schulischen Kontext bezogen, im Vergleich zu Kindern, deren Eltern in beiden Dimensionen niedrige Werte aufwiesen.

Auch in Hinblick auf die Theorie der Lern- und Leistungsmotivation als Zielorientierung (vgl. Kapitel 2.3), die vor allem die Qualität der Lernzielorientierung (*mastery goals*) gegenüber der Qualität der Leistungszielorientierung (*performance goals*) in Bezug auf motivationale und akademische Ergebnisse hervorhebt, insofern Kinder mit einer Lernzielorientierung tendenziell mehr intrinsisch motiviert lernen, was mit einem gesteigerten Engagement in Bezug auf den Lernprozess und mit positiveren Leistungsergebnissen einhergeht, als Kinder mit einer Leistungszielorientierung (Gutman, 2006; Matos, Lens, & Vansteenkiste, 2007), zeigen Studien Zusammenhänge zwischen elterlichem Verhalten und der Zielorientierung ihrer Kinder auf. Insbesondere der Erziehungsstil (in Anlehnung an Baumrind, 1967) hat dabei Einfluss auf die Zielorientierung (Lernzielorientierung vs. Leistungszielorientierung): So begünstigt ein autoritativer Erziehungsstil (geprägt durch elterliche Zuwendung), in dem die kindliche Perspektive wertgeschätzt und respektiert wird, aber gleichzeitig angemessene Regeln und Grenzen aufgezeigt werden, eine hohe Ausprägung der Lernzielorientierung (*mastery goals*) (Boon, 2007; Gonzalez & Wolters, 2006). Im Gegensatz dazu begünstigt der autoritäre Erziehungsstil (geprägt durch elterliche Strenge), in dessen Fokus Konformität, Gehorsam und Respekt vor Autoritäten stehen, die Ausprägung der Leistungszielorientierung (*performance goals*), wohingegen der permissive Erziehungsstil, der sich durch keine Regeln, Grenzen oder Einschränkungen auszeichnet, negativ mit der Lernzielorientierung und positiv mit der Leistungszielorientierung der Kinder in Zusammenhang stand. Zudem konnte gezeigt werden, dass kontrollierendes Elternverhalten die Ausprägung der Leistungszielorientierung des Kindes begünstigt (Gurland & Grolnick, 2005; vgl. Grolnick, Friendly, & Bellas, 2009). Interessanterweise finden sich viele der hier angesprochenen Aspekte der Selbstbestimmungstheorie – wie zum Beispiel Autorität, Verantwortung und Autonomieunterstützung – in den verschiedenen Erziehungsstilen (vgl. Baumrind, 1967) wieder, was eine weitere Forschungslücke aufzeigt, nämlich die Erforschung des Einflusses sozialer Einflussgrößen (Eltern, Lehrkräfte und Peers) auf die Lern- und Leistungsmotivation über motivationstheoretische Grenzen hinaus. Das wird auch durch Befunde gestützt, die gezeigt haben, dass der autoritäre Erziehungsstil mit einer erhöhten Angst vor Misserfolg und der damit einhergehenden Ausbildung des Misserfolgsmotivs, negativen Zukunftserwartungen, einem allgemeinen negativen Selbstwertgefühl, sowie einem negativen schulischen Selbstkonzept und erhöhter Prüfungsangst in Zusammenhang steht (vgl. Fuß, 2006; Helmke & Väth-Szusdziara, 1980; Stapf, Herrmann, Stapf, & Staecker, 1972). Im Gegensatz dazu zeigen empirische Befunde, dass der autoritative Erziehungsstil positiv auf das Selbstwertgefühl und das Selbstkonzept des Kindes wirkt und negativ auf Prüfungsangst und die Furcht vor Misserfolg (vgl. Fuß, 2006; Helmke & Väth-Szusdziara, 1980; Stapf, Herrmann, Stapf, & Stacker, 1972). Der autoritative Erziehungsstil steht darüber hinaus in Zusammenhang mit positiven Zukunftserfahrungen und Hoffnung auf Erfolg in Bezug auf die eigenen Leistungen (Stapf et al., 1972), was die Entwicklung des Erfolgsmotivs begünstigt.

Fuß (2006) gibt darüber hinaus zu bedenken, dass der Erziehungsstil weiter zu differenzieren ist: Zum einen als bereichsübergreifendes, allgemeines Elternverhalten, zum anderen als spezifisches schulbezogenes Verhalten und somit als bereichsspezifisches Elternverhalten. So können Eltern zwar als bereichsübergreifendes Verhalten dem autoritativen Erziehungsstil folgen, in Bezug auf die Schule ist aber auch ein gleichzeitig autoritäres Erziehungsverhalten – insbesondere bei krisenhaften Schulleistungen – denkbar (Fuß, 2006). Studien mit Jugendlichen haben gezeigt, dass Eltern auch in dieser Altersgruppe die bedeutendste soziale Einflussgröße darstellen, wenn es darum geht auf die schulische Leistung und das schulische Engagement einzuwirken (Englund, Egeland, & Collings, 2008; Murray, 2009; Wang & Eccles, 2012). Darüber hinaus stehen sie in enger Verbindung mit Leistungsemotionen, insbesondere Prüfungsangst (Shadach & Ganor-Miller 2013). Neben den unterschiedlichen bereits thematisierten Erziehungsstilen sind dabei besonders elterliche Unterstützung und Druck als bereichsspezifisches Verhalten in Bezug auf die Schule untersucht worden (u. a. Murray, 2009; Wang & Eccles, 2012). Elterliche Unterstützung, die auch als Kernelement des autoritativen Erziehungsstils gilt (Fuß, 2006), umfasst dabei die elterliche Mitwirkung (*involvement*) Kinder auf Tests vorzubereiten (behaviorale Ebene), sowie die Ermutigung der Kinder an sich und an ihre Fähigkeiten zu glauben, die zahlreichen Aufgaben in der Schule meistern zu können (emotionale Ebene). Sie geht oft mit einer relativ hohen Kontrolle (Monitoring) einher, ohne jedoch die Förderung der Autonomie des Kindes außer Acht zu lassen. Kontrolle im Sinne des Monitorings meint eher das aufmerksame Beobachten des Verhaltens des Kindes, das Interesse an den Aktivitäten des Kindes vermittelt. D. h., die Eltern treten nicht kontrollierend auf, es sei denn das Kind zeigt problematische Verhaltensweisen (Fuß, 2006). Zudem werden legitime Regeln gesetzt und angewendet, die dem Kind transparent vermittelt wurden (vgl. Papastefanou & Hofer, 2002). Es gilt durch Internalisierung die elterlichen Verhaltenserwartungen zu den eigenen Anforderungen des Kindes zu transformieren. Die Mitbestimmung des Kindes ist diesbezüglich zentral, denn nur so ist das Kind in der Lage, selbstständig Entscheidungen zu treffen (Fuß, 2006). Darüber hinaus spielen positive Sanktionen eine große Rolle, schließlich soll erwünschtes Verhalten verstärkt werden, um die freiwillige Folgebereitschaft des Kindes aufrecht zu halten. So erfolgt auch die soziale und emotionale Unterstützung durch Lob bei Schulerfolg, sowie Trost und Hilfestellung nach schulischem Misserfolg (Pekrun,

1998). Im Gegensatz dazu kann elterlicher Druck, der auch als Kernelement des autoritären Erziehungsstils gilt (Fuß, 2006), als ausgeübter Zwang verstanden werden, mehr für die Schule zu machen (behaviorale Ebene), was oft mit hohen Erwartungen an die schulischen Leistungen des Kindes einhergeht, die die tatsächlichen Fähigkeiten des Kindes jedoch weit übersteigen (emotionale Ebene) (Wang & Eccles, 2012). Charakteristisch für elterlichen Druck ist die Angst des Kindes vor negativen Sanktionen (Tadel, Androhung von Strafen, aber auch der Verlust sozialer und emotionaler Bindung), das Erleben von Fremdbestimmung, sowie einseitiges und striktes Durchsetzen der elterlichen Vorstellungen (Fuß, 2006). Mit anderen Worten, die Bedürfnisse nach Autonomie und sozialer Eingebundenheit werden weitgehend negiert, so dass beim Kind Konflikte entstehen, den Anforderungen der Eltern gerecht zu werden und gleichzeitig seine eigenen Bedürfnisse erfüllt zu bekommen (Fuß, 2006). Wie bereits oben erwähnt, können Eltern zwar einem bereichsübergreifenden autoritativen Erziehungsstil folgen, der durch Autonomieunterstützung gekennzeichnet ist, und trotzdem gleichzeitig ein autoritäres bereichsspezifisches Verhalten in Bezug auf die Schule in Form von Druck zeigen, wenn sie beispielsweise befürchten, dass ihr Kind die erforderlichen Schulleistungen – ohne erhöhte Anstrengung – nicht in der Lage ist zu erbringen. Um negative Konsequenzen bezüglich der Schullaufbahn und weiteren Bildungschancen ihres Kindes zu vermeiden, bauen sie Druck auf. Dabei werden bereits überhöhte Leistungserwartungen und Anforderungen an das Kind als Druck erlebt (Fuß, 2006).

Mehrere Studien in Nordamerika und Europa konnten zeigen, dass ein hoher Grad an elterlicher Unterstützung das behaviorale und emotionale Schulengagement und die intrinsiche Leistungsmotivation der Kinder über alle Klassenstufen hinweg vorhersagt (Englund, Egeland, & Collings, 2008; Murray, 2009; Wang & Eccles, 2012). Darüber hinaus steht unterstützendes Elternverhalten in Zusammenhang mit einer höheren Beteiligung im Unterricht, mehr sozial kompetentem Verhalten und weniger Kontakt mit verhaltensauffälligen Peers (Simons-Morton & Chen, 2009). Im Gegensatz dazu begünstigt elterlicher Druck, nicht-unterstützendes elterliches Feedback und unrealistische Leistungserwartungen, Passivität, sowie behaviorales und emotionales Disengagement in der Schule (Dusek & Danko, 1994; Murray, 2009), extrinsische Leistungsmotivation (Ginsburg & Bronstein, 1993), negative Einstellungen zum Lernen und zur Schule, sowie eine stärkere Wahrscheinlichkeit zum Schulabbruch (Englund et al., 2008) und Prüfungsangst (Besharat, 2003; Hock, 1992; Peleg-Popko & Klingman, 2002). Zudem begünstigt elterlicher Druck die Entwicklung des Misserfolgsmotivs, wohingegen elterliche Unterstützung – sofern sie nicht in Kontrolle ausartet und dem Kind Autonomieerleben erlaubt – positiv auf die Lern- und Leistunsmotivation (Erfolgsmotiv) und die Entwicklung eines positiven Selbstkonzepts wirkt.

Zusammenfassend lässt sich sagen, dass die Eltern schon sehr früh auf die Lern- und Leistungsmotivation ihres Kindes einwirken, sei es durch den generellen Erziehungsstil, autonomieunterstützendes vs. kontrollierendes Verhalten, Sanktionen (Lob vs. Tadel), Unterstützung, emotionale Bindung, Attributionen für Erfolg/Misserfolg der Kinder, Erwartungen, verbindliche Ziele und Strukturen, sowie das eigene Leistungsverhalten (Vorbildfunktion), als auch im späteren Verlauf der Kindheit durch explizit schulbezogenes Verhalten (elterliche Unterstützung vs. elterlicher Druck, *involvement*). Neben dem elterlichen Einfluss auf die Lern- und Leistungsmotivation des Kindes ist aber auch die Rolle der Lehrkräfte und Peers nicht zu unterschätzen, schließlich bestimmen sie den Schulalltag des Kindes und damit die meiste Zeit seiner Entwicklung in Kindheit und Jugend maßgeblich mit.

4.2 Die Rolle der Lehrkräfte und Peers

Gegenwärtig folgt man in der Lern- und Leistungsmotivationsforschung einer soziokulturellen Sichtweise, davon ausgehend, dass Motivation letztlich ein erlerntes kognitives Verhalten darstellt, das vom Kontext abhängig ist (Schunk, 2004). Das bedeutet, dass Schule für Heranwachsende nicht nur ein Ort des Lernens, der Leistung und Motivation ist, sondern auch einen bedeutenden sozialen Lernkontext (Harter, 1996) für die persönliche Entwicklung und die generelle Erfüllung von Bedürfnissen darstellt (vgl. Kapitel 1). Der soziale Kontext des Klassenzimmers wird insbesondere von Interaktionen mit Peers und Lehrkräften dominiert (Urdan & Schoenfelder, 2006), die einerseits eine unterstützende aber andererseits auch eine hemmende Motivationsquelle sein können (siehe auch Deci & Ryan, 1985; Reeve, Deci & Ryan, 2004; Ryan & Stiller, 1991).

Gerade die Lehrkraft gilt als zentrale Einflussgröße in Bezug auf die Lern- und Leistungsmotivation der Schüler/-innen (Pudelko & Boon, 2014), da diese ihr pädagogisches Handeln an Werten und Zielen ausrichtet, die sie in ihren Schüler/-innen fördern und entwickeln möchte (Ames & Ames, 1984; Lopes & Santos, 2012). Durch Erwartungen und Belohnungen (ggf. auch durch Bestrafung) legen Lehrkräfte fest, was in ihrem Unterricht als erfolgreiches Lernen und Leisten gilt (McClelland, Atkinson, Clark, & Lowell, 1953). Mit anderen Worten, Lehrer/-innen können Werte und Ziele an ihre Schüler/-innen vermitteln, die sie für erstrebenswert halten (Martin & Dowson, 2009; vgl. Pudelko & Boon, 2014; Wentzel, Baker, & Russell, 2012). Dies erfolgt insbesondere durch Instruktionspraktiken, Erwartungen, Leistungsfeedback und die Qualität der Lehrer-Schüler-Beziehungen (Wentzel & Wigfield, 1998). Insofern ist es auch wenig überraschend, dass Urdan und Turner (2005) empirische Hinweise in der Literatur gefunden haben, dass die Wahrnehmung der durch die Lehrkraft vermittelten Ziele die eigene Zielorientierung und Leistung der Schüler/-innen in der Schule beeinflusst (Pudelko & Boon, 2014). Dieser Befund wurde auch von Dresel, Fasching, Steuer, Nitsche und Dickhäuser (2013) in einer empirischen Studie bestätigt, die nachweist, dass die Zielorientierung der Lehrkräfte Einfluss auf die Zielorientierung der Schüler/-innen hat. Je besser dabei die Lehrer-Schüler-Beziehung von Schüler/-innen wahrgenommen wird, desto stärker ist die Zielorientierung der Schüler/-innen (Anderman & Young, 1994; Smart, 2014). So konnten auch Raufelder, Drury, Jagenow, Hoferichter und Bukowski (2013) in einer Querschnitts-Studie positive Zusammenhänge zwischen dem Erleben von Lehrkräften als positive Motivatoren und sowohl Lernzielen (LZ), als auch Annäherungs-Leistungszielen (ALZ) und Vermeidungs-Leistungszielen (VLZ) aufzeigen.

Auch im Rahmen der Selbstbestimmungstheorie wird davon ausgegangen, dass nicht nur das Individuum selbst befähigt ist, die Bedürfnisse nach Autonomie, sozialer Eingebundenheit und Kompetenz zu befriedigen, sondern dass diese Bedürfnisse auch durch soziale Kontexte beeinflusst werden können (Deci & Ryan, 2000a, 2000b). Übertragen auf den Schulkontext bedeutet das, dass die Schulumgebung für einige Schüler/-innen entscheidend zur Erfüllung der drei Grundbedürfnisse beitragen kann, wohingegen das bei anderen Schüler/-innen vielleicht weniger relevant ist (Mouratidis, Vansteenkiste, Sideris, & Lens, 2011). Insbesondere Peers und Lehrkräfte können das Gefühl von sozialer Eingebundenheit, Autonomie und Kompetenz (positiv und/oder negativ) beeinflussen (Niemiec & Ryan, 2009). Während Peers vor allem das Bedürfnis nach sozialer Eingebundenheit erfüllen können (s.u.), obliegt es maßgeblich den Lehrkräften, das Bedürfnis nach Kompetenz zu stillen (Katz & Assor, 2007; Niemiec & Ryan, 2009), was insbesondere durch Feedback und klare Instruktionen in Bezug auf die schulischen Leistungen der Schüler/-innen gelingen kann (Becker & Luthar, 2002; Pianta, Hamre, & Stuhlman 2003; Radel, Sarrazin, Legrain, & Wild, 2010; Wentzel, 2009b). Das Autonomieerleben der Schüler/-innen kann vor allem durch autonome Lehrpraktiken wie schülerzentrierten Unterricht gefördert werden (Chirkov & Ryan, 2001; Radel et al., 2010; Roth, Assor, Kanat-Maymon, & Kaplan, 2007; Soenens & Vansteenkiste, 2005), der wesentlich durch die Schüler/-innen und ihre Interessen, Fragen, Impulse und Aktionen bestimmt wird (Tausch & Tausch, 1998; Grell, 2001). Wenn Schüler/-innen mit Hilfe von Peers und Lehrkräften – im Sinne der Selbstbestimmungstheorie – die drei Grundbedürfnisse nach Autonomie, sozialer Eingebundenheit und Kompetenz stillen, dann fühlen sie sich dadurch selbstbestimmt und somit intrinsisch motiviert. Darüber hinaus können Peers und Lehrkräfte aber auch als externale Motivationsquellen fungieren, die durch wachsende Internalisierung dann im besten Fall zur intrinsischen Motivation führen.

Bereits in den 1980er Jahren konnte Rheinberg (1980) zudem zeigen, dass auch die Bezugsnormorientierung der Lehrkraft im Unterricht eine entscheidende Rolle für die Lern- und Leistungsmotivation der Schüler/-innen spielt. In Bezug auf die Leistungsbeurteilung unterscheidet man generell drei Bezugsnormen: (a) die soziale, (b) die individuelle und (c) die sachliche (oder auch kriteriale) Bezugsnorm (vgl. Rheinberg, 2008). Verwendet die Lehrkraft eine soziale Bezugsnorm, was durch die Klassenstruktur an deutschen Schulen sehr häufig ist, dann werden die Leistungen eines Schülers in Bezug zu den Leistungen anderer Schüler/-innen in dieser Klasse gesetzt. Ein guter Schüler ist demnach jemand, der überdurchschnittliche Leistungen zeigt, ein schlechter Schüler ist hingegen jemand, der unterdurchschnittliche Leistungen (im Vergleich zur sozialen Bezugsnorm der Klasse) zeigt. Man spricht dann auch von normativen Vergleichen. Nutzt die Lehrkraft hingegen eine individuelle Bezugsnorm, dann zeigt ein Schüler gute Leistungen wenn im Vergleich zu vorherigen Leistungen dieses Schülers ein Anstieg zu verzeichnen ist. Schlechte Leistungen liegen dann vor, wenn dieser Schüler im Vergleich zu seinen vorherigen Leistungen abgefallen ist. In diesem Fall spricht man von temporalen Vergleichen. Bei der sachlichen oder kriterialen Bezugsnorm wird die Leistung eines Schülers mit sachlichen Standards verglichen (z. B. Kompetenzniveau; Lehrziel). Hierbei nutzt die Lehrkraft kriteriale Vergleiche. Alle drei Arten der Bezugsnorm haben Vor- und Nachteile, weil sie je verschiedene Aspekte ausblenden bzw. nicht berücksichtigen (vgl. Rheinberg, 2008). In Bezug auf die Lern- und Leistungsmotivation ist vor allem die individuelle Bezugsnorm entscheidend, was sich bei Heckhausen (1974) auch als „Primat der individuellen Bezugsnorm" oder in frühen pädagogischen Ansätzen findet, in denen das Individuum als Zentrum der Betrachtung pädagogischen Handels und Beurteilens verstanden wird (vgl. Furck, 1975) (vgl. Rheinberg, 2008), insofern der Lernzuwachs jedes einzelnen Schülers besonders gut deutlich wird, was der Wirksamkeitserwartung und dem Vertrauen in das eigene Lernpotenzial zugute kommt (Rheinberg, 2008). Der regelmäßige Vergleich mit der eigenen Leistung lässt zudem kausale Schlüsse über Lernstrategien, Anstrengung und Fleiß zu. Das ist besonders wichtig in Hinblick auf die Attribution bei Misserfolg (vgl. Kapitel 2.1), insofern die Gründe für Misserfolg an veränderbaren Faktoren (z. B. „Ich habe zu wenig gelernt."; „Diese Lernstrategie war wenig effizient.“) festgemacht werden können. Umgekehrt fördert die soziale Bezugsnorm ungünstige Attributionen (z. B. „Ich kann das einfach nicht.“, „Das Fach ist zu schwierig.“, „Ich bin einfach immer schlechter als die anderen in Mathe.“), da die Fortschritte eines Schülers oft nicht sichtbar werden, insofern ein vermeintlich schlechter Schüler schlecht bleibt, solange er unterdurchschnittliche Leistungen (im Vergleich zu den anderen Schülern) zeigt, auch wenn dieser Schüler möglicherweise individuelle Lernzuwachse zu verzeichnen hat.

Rheinberg konnte in seinen frühen Studien zeigen, dass Lehrer/-innen Tendenzen zu einer bestimmten Bezugsnormorientierung haben, d. h. stärker zur sozialen oder zur individuellen Bezugsnormorientierung neigen. Während Lehrkräfte mit einer sozialen Bezugsnormorientierung fast ausschließlich einer Leistungsrückmeldung im Klassenverband folgen, nutzen Lehrer/-innen mit einer individuellen Bezugsnorm auch informelle Leistungsrückmeldungen (z. B. Feedback, individuelle Kommentare etc.). Folgen Lehrkräfte eher einer individuellen Bezugsnorm, dann nutzen sie – wann immer möglich – individuelle Schwierigkeitsgrade bei Aufgaben oder stellen den Schüler/-innen verschiedene Aufgaben zur Wahl. Dabei sind ihre Erwartungen an die Schüler/-innen (wer z. B. Unterstützung oder eine Zusatzaufgabe benötigen wird) sehr kurzfristig an die jeweilige Lerneinheit geknüpft. Sie vermeiden zeitstabile Kausalattributionen (wie z. B. „Peter ist in Mathe schwach.“) und sind stattdessen in ihren Langzeitprognosen relativ offen (Rheinberg, 2008). D. h., der Unterricht wird am Schüler bzw. an der Schülerin orientiert, was zur Folge hat, dass die Schüler/-innen eher erfolgsorientiert sind. Folgen Lehrkräfte hingegen eher einer sozialen Bezugsnorm, dann nutzen sie eben diese zeitstabilen Kausalattributionen, die mit stabilen Erwartungen in Bezug auf Erfolg und Misserfolg ihrer Schüler/-innen einhergehen. So erhalten überdurchschnittliche Schüler/-innen auch bei abfallenden Leistungen Lob, da sie im Vergleich zu den anderen Schüler/-innen immer noch besser sind, wohingegen unterdurchschnittliche Schüler/-innen eigentlich nie Lob erhalten, stattdessen aber Tadel, da ihre Leistungen im Vergleich zu den anderen Schüler/-innen sehr viel schlechter sind. Rheinberg (1980) konnte in Felduntersuchungen von

Klassen mit Lehrkräften, die einer sozialen Bezugsnormorientierung folgen vs. Klassen mit Lehrkräften, die einer individuellen Bezugsnormorientierung folgen, zeigen, dass Schüler/-innen von Lehrkräften mit sozialer Bezugsnormorientierung eher misserfolgsorientiert sind und der Unterricht entlang der sozialen Bezugsnorm eher negativ auf das Begabungsbild und das Fähigkeitsselbstkonzept der Schüler/-innen über Jahre hinweg wirkt. Zudem wurde in diesen Studien aufgezeigt, dass insbesondere leistungsschwächere Schüler/-innen von Lehrkräften mit individueller Bezugsnormorientierung während eines Schuljahres sehr viel weniger Angst vor Misserfolg haben und mehr Lernzuwachs erleben. Diese frühen Studien wurden durch mehr als zwanzig Folgestudien, auch im Rahmen von TIMMS und BIJU repliziert und bestätigen die günstige Wirkung der individuellen Bezugsnormorientierung auf das Selbstkonzept der Schüler/-innen (vgl. Rheinberg, 2008).

Diese Befunde sind folglich aktueller denn je, vor allem wenn wir uns bewusstmachen, dass Unterricht in der Regelschule nach wie vor sehr stark an der Gruppe und Leistungsvergleichen innerhalb der Klasse orientiert ist und somit die soziale Bezugsnormorientierung propagiert. Zwar gibt es momentan sehr viele didaktische und diagnostische Ansätze zur Stärkung der individuellen Bezugsnorm bei gleichzeitiger Anwendung kriterialer Bezugsnorm (insbesondere Kompetenzstufen, -raster, -niveaus) im Sinne einer stärkeren individuellen Förderung der einzelnen Schüler/-innen, jedoch bilden diese – nicht zuletzt durch das vehemente Festhalten an Noten als Leistungsrückmeldung – immer noch die Ausnahme. Wir nehmen also bewusst in Kauf, dass Schule und Unterricht durch eine soziale Bezugsnormorientierung negativ auf die Lern- und Leistungsmotivation unserer Schüler/-innen wirkt und damit ihr Potenzial langfristig gefährdet.

Darüber hinaus haben die oben skizzierten empirischen Studien deutlich gemacht, dass die Lehrkraft mit ihrer je eigenen Bezugsnorm, Zielorientierung und Wertvorstellung vorgibt, was ihr wichtig ist. D. h., Schüler/-innen müssen ihr Handeln an die Erwartungen der Lehrkräfte anpassen, wenn sie erfolgreich sein möchten, auch wenn deren Unterrichtspraktiken (z. B. Bezugsnormorientierung, Autonomie- und Kompetenzerleben), möglicherweise sehr ungünstig im

Sinne der Lern- und Leistungsmotivation wirken. Das Streben von Kindern und Jugendlichen ist aber nicht immer auf Erfolg ausgerichtet, vielmehr kommt in der Lehrer-Schüler-Interaktion die sogenannte selbsterfüllende Prophezeiung zum Tragen, die durch den Pygmalion-Effekt (Rosenthal & Jacobsen, 1966, 1968), das Modell der Erwartungseffekte (Brophy & Good, 1976) und das transaktionale Modell (Nickel, 1981) aufgezeigt wurde: So haben Lehrer/-innen eine klare Vorstellung, wie ein Schüler sein sollte und auch Schüler/-innen haben eine klare Vorstellung, wie ein Lehrer sein sollte (Harkness et al., 2007). Damit einher gehen normative Erwartungen, die in der ersten Interaktion den Wahrnehmungsprozess lenken. Durch den Alters- und Erfahrungsvorsprung der Lehrkraft gegenüber den Schüler/-innen, der die Macht-Asymmetrie im Lehrer-Schüler-Verhältnis begründet, formt sich der Schüler nach dem Bild bzw. der Vorstellung, die sich die Lehrkraft von ihm oder ihr macht (Pygmalioneffekt). Wenn beispielsweise ein Lehrer mit einer sozialen Bezugsnormorientierung das Bild von Peter hat, dass dieser in Mathe schlecht sei, dann wird sich Peter den Erwartungen des Lehrers (schlecht zu sein) entsprechend verhalten. In diesem ungünstigen Fall können Lehrererwartungen zu einem Teufelskreis im Sinne der selbsterfüllenden Prophezeiung werden. Man kann also sagen, dass Lehrer-Schüler-Interaktionen und Erwartungshaltungen für die Entwicklung und Veränderung von Leistungsvermögen und Leistungsverhalten konstitutiv sind (Brophy & Good, 1976). Dieser Effekt konnte auch in einer Längsschnittstudie bestätigt werden, die zeigt, dass nicht nur die Leistungen eines Schülers, sondern vor allem auch die Erwartungen der Lehrkraft in Bezug auf die Entwicklung eines Schülers dessen Bildungsweg bestimmt (Jussin & Eccles, 1992). Halten Lehrer/-innen eine/n Schüler/-in für vermeintlich „begabt", dann wird diese/r stärker gefördert und ein höheres Abstraktionsniveau wird erwartet, wohingegen vermeintlich „weniger begabte" Schüler/-innen in kleineren Schritten an Lerneinheiten herangeführt werden. Diese unterschiedlichen Interaktionsstile können verheerende Folgen für die Entwicklung des Schülers haben, da sie langfristig mit der Intelligenzentwicklung und dem selbstständigen Wissenserwerb in Zusammenhang stehen (Elashoff & Snow,

1975; Raudenbush, 1984; Wellenreuther, 2007). Die Erwartungen im Lehrer-Schüler-Verhältnis gestalten folglich nicht nur die alltäglichen Interaktionen, sondern wirken langfristig auf die Entwicklung eines jeden Kindes (Jussin & Eccles, 1992). Welche motivationalen Prozesse dabei zum Tragen kommen, ist bislang jedoch nicht untersucht worden.

Neben den oben skizzierten unterrichtlichen Aspekten, spielt auch die sozio-emotionale Qualität der Lehrer-Schüler-Beziehung eine zentrale Rolle für die Motivation der Schüler/-innen. Insbesondere mit Beginn der Adoleszenz, da die Schüler/-innen zur Bewältigung der zahlreichen Herausforderungen, die einerseits durch die physischen und psychischen Veränderungen in ihnen selbst entstehen, andererseits durch das komplex werdende Sozialgeflecht insbesondere mit ihren Peers, auf der Suche nach erwachsener Unterstützung außerhalb der Familie sind. Erschwerend hinzu kommt, dass zeitgleich zu dieser sehr herausfordernden Entwicklungsphase auch noch der Schulwechsel (von der Grundschule in die Sekundarschule) stattfindet, der weitere Herausforderungen für das sich entwickelnde Kind beinhaltet. Studien haben gezeigt, dass Schüler/-innen ihre Lehrkräfte an Sekundarschulen distanzierter, weniger freundlich, unterstützend und wohlwollend erleben im Vergleich zu ihren Grundschullehrer/-innen (Hawkins & Berndt, 1985; Eccles et al., 1993; Harter, 1996). D. h., gerade in dieser Phase der frühen Adoleszenz, wenn Schüler/-innen auf der Suche nach erwachsener Unterstützung zur Bewältigung dieser vielfältigen Herausforderungen sind (Midgley, Feldlaufer, & Eccles, 1988; Raufelder, 2007; Raufelder, Bukowski, & Mohr, 2013), nimmt die Qualität der Lehrer-Schüler-Beziehung zunehmend ab (vgl., Bokhorst, Sumter, & Westenberg, 2010). Beziehungen mit Erwachsenen nehmen zwar tendenziell während der Adoleszenz ab (vgl., Kenny, Dooley, & Fitzgerald, 2013), allerdings sind Beziehungen mit Lehrkräften zentral, insofern sie maßgeblich den Lernerfolg und die Motivation der Lernenden mitbestimmen (vgl., Baker, 2006; Davidson, Gest, & Welsh, 2010; Hughes, 2012; Wentzel, et al., 2010; Zimmer-Gembeck, Chipuer, Hanisch, Creed, & McGregor, 2006). So konnten Studien zeigen, dass negativ erlebte Lehrer-Schüler-Beziehungen, die als kalt und gefühllos beschrieben werden, mit geringerer intrinsischer Motivation der Lernenden einhergehen (Ryan & Deci, 2000a). Hinzu kommt, dass Schüler/-innen von der sechsten bis zur achten Klasse ihre Lehrer/-innen zusätzlich stärker kontrollierend und bewertend erleben (Harter, 1996). Kontrollierendes Lehrverhalten, wie zum Beispiel ein Mangel an Auswahlmöglichkeiten im Unterricht, langweilige Aufgaben und wenig Unterstützung durch die Lehrkraft, führen jedoch zu Disengagement und Rückzug vom Unterricht und der Schule, sowie zur Untergrabung jeglicher Motivation (Roeser & Eccles, 1998; Skinner & Belmont, 1993). Wenn Schüler/-innen im Gegenzug ihre Lehrkraft als unterstützend, warm und fürsorglich erleben, dann zeigen sie mehr Motivation (Ryan & Deci, 2000a) und sind generell mehr an Schulaktivitäten interessiert (Fraser & Fisher, 1982; Goodenow, 1993; Midgley et al., 1988; Skinner & Belmont, 1993). Studien haben gezeigt, dass sich Schüler/-innen tendenziell aktiver am Unterricht beteiligen, wenn sie positives Feedback von ihren Lehrer/-innen erhalten (Skinner & Belmont, 1993), wenn sie überzeugt sind, dass sich ihre Lehrkraft um sie kümmert (Roeser, Midgley, & Urdan, 1996), oder wenn sie von ihrer Lehrkraft gemocht werden (Wentzel & Asher, 1995). Insgesamt kann man folglich festhalten, dass positive Lehrer-Schüler-Beziehungen mit einer höheren Unterrichtsmotivation (Wentzel, 1998), besseren akademischen Fähigkeiten (Baker, 2006) und mehr sozialem Engagement einhergehen (Gest, Welsh, & Domitrovich, 2005).

Allerdings muss an dieser Stelle darauf hingewiesen werden, dass es bislang wenige Studien gibt, die sowohl verschiedene Dimensionen der Qualität der Lehrer-Schüler-Beziehung (sozio-emotionale vs. institutionalisierte Ebene) als auch verschiedene Lern- und Leistungsmotivationskomponenten (intrinsische vs. extrinsische Motivation, Selbstbestimmung, Zielorientierung, Attributionsstil) näher differenziert bzw. gleichermaßen berücksichtigt haben. Die meisten Studien basieren auf sehr allgemein erhobenen Variablen zum Lehrer-Schüler-Verhältnis, bei denen spezifische Beziehungen zwischen einem Schüler und einer bestimmten Lehrkraft meist unberücksichtigt bleiben. So erfragt beispielsweise die PISA-Skala zur Erfassung der Lehrer-Schüler-Beziehung nicht dyadische Beziehungen, sondern zwingt die Jugendlichen mit Formulierungen wie z. B. „Die meisten meiner Lehrerinnen / Lehrer …" einen fiktiven Durchschnitt ihrer unterschiedlichen Beziehungen zu den verschiedenen Lehrpersonen zu berechnen.

Neben den Lehrkräften, spielen aber auch die Gleichaltrigen eine entscheidende Rolle in Hinblick auf die Motivation. Vor allem in der späten Kindheit (8–11 Jahre) und frühen Adoleszenz (12–14 Jahre) sind Netzwerke von Gleichaltrigen (Peers) von Bedeutung (Fend, 1998). Während in den Jahren zuvor noch die Familie die wichtigste Rolle im Leben der Heranwachsenden spielte, nehmen mit Beginn der späten Kindheit Interaktionen und Freundschaften mit Gleichaltrigen an Bedeutung zu (vgl. Cook, Deng & Morgano, 2007; Brown & Theobald, 1999; Savin-Williams &Berndt, 1990). Insbesondere in Schulklassen entstehen dabei Peernetzwerke mit je eigenen Normen und Rollen (Goodenow, 1993), die – ebenso wie die Lehrkraft – einen Einfluss auf die Motivation des sich entwickelnden Individuums haben können. Im Sinne der Selbstbestimmungstheorie kann vorwiegend das Bedürfnis nach sozialer Eingebundenheit durch positive Beziehungen mit Peers gestärkt werden (Katz & Assor, 2007; Niemiec & Ryan, 2009), die mit Gefühlen von sozialer Zugehörigkeit einhergehen. Längsschnittliche Studien konnten zeigen, dass die motivationale Orientierung eines Individuums während eines Schuljahres stark durch die motivationale Orientierung der Peergruppe, der das Individuum angehört, zu Beginn eines Schuljahres geprägt wird (Kindermann, 1993; Hymel, Comfort, Schonert-Reichl, & McDougall, 1996; Wentzel, 2009b). Darüber hinaus haben Studien konstatiert, dass positive Peer-Beziehungen und Freundschaft in der Klasse nicht nur Motivation und Leistung positiv beeinflussen (Wentzel, Donlan & Morrison 2012; Wentzel, Battle, Russell, & Looney, 2010; Wentzel, 1991; Wentzel, 2005; Wentzel, 2009b), sondern auch die schulische Anpassung im Allgemeinen (Berndt, 1999), wie zum Beispiel Schulengagement (Estell & Perdue, 2013; Perdue, Manzeske, & Estell, 2009; Ladd, Herald-Brown, & Kochel, 2009; Furrer & Skinner, 2003), Wohlbefinden (Hascher, 2004) und Einstellungen zur Schule (Berndt, 1999; Crosnoe, Cavanagh, & Elder, 2003). Schüler/-innen, die ein Zugehörigkeitsgefühl zur Schule berichten, zeigen tendenziell mehr schulische Motivation und Engagement als Schüler/-innen, die Gefühle der Einsamkeit in der Schule erleben (vgl. Tresch & Bub, 2011). Mit anderen Worten, Peers sind eine bedeutende Quelle emotionaler Unterstützung (Azmitia, Cooper, & Brown, 2009), zeigen im positiven Fall Verständnis, Rat und Ermutigung (Harter, 1996; Juvonen & Wentzel, 1996; Kindermann, 1993; Ladd et al., 2009; Rubin, Bokwski, & Laursen, 2009; Wentzel, 2009a, 2009b; Wentzel, Battle, Russell, & Looney, 2010), was wiederum die schulische Motivation und Leistung positiv beeinflusst (Birch & Ladd, 1996; Kindermann & McCollman, 1996; Ladd & Kochenderfer, 1996). Auch das Klassenklima spielt eine entscheidende Rolle, insofern Motivation durch Hilfsbereitschaft (z. B. Unterstützung anbieten und erhalten) begünstigt wird (Ladd et al., 2009). Übertragen auf die Selbstbestimmungstheorie kann durch Hilfsbereitschaft in der Klasse nicht nur soziale Eingebundenheit erlebt werden, sondern auch Autonomie (Schüler/-innen helfen Schüler/-innen unabhängig von der Lehrkraft) und Kompetenz ("Ich kann anderen Mitschüler/-innen helfen"). Studien haben sogar einen längsschnittlichen Effekt gefunden, insofern Veränderungen in der Unterstützung der Peers zwischen der dritten und fünften Klasse mit Veränderungen der Schüler/-innen in Bezug auf ihre schulische Anpassung zwei Jahre später in Verbindung stehen (Dubow et al., 1991), was einmal mehr auch den wachsenden Einfluss der Peers in der späten Kindheit und frühen Adoleszenz unterstreicht.

Im Gegensatz dazu stehen negative Peer-Beziehungen in Zusammenhang mit einer schwachen schulischen Anpassung (Tresch, Oweb, & Bub, 2011). Längsschnittliche Studien haben gezeigt, dass Schüler/-innen, die problematische Beziehungen mit ihren Peers berichten (z. B. Peer-Zurückweisung, Peer-Schikane, sozialer Ausschluss, Mobbing), schlechtere schulische Leistung, akademisches Versagen und Fernbleiben vom Unterricht zeigen (Ollendick, Weist, Borden, & Greene, 1992; Coie, Lochman, Terry, & Hyman 1992; DeRosier, Kupersmidt, & Patterson, 1994; Ladd, Kochenderfer, & Coleman, 1997). Insbesondere der Übergang von der Grundschule zur Sekundarschule, der in der Regel mit einem Schulwechsel einhergeht, stellt diesbezüglich eine Herausforderung dar, weil sich Schüler/-innen an eine neue

Peer-Gruppe anpassen und gleichzeitig alte und neue Freundschaften koordinieren müssen, was häufig mit negativen Gefühlen wie Eifersucht oder Gefühlen des Ausschlusses einhergeht (Azmitia, Cooper, & Brown, 2009). Empirische Studien haben gezeigt, dass sozialer Ausschluss verheerende schulische Folgen haben kann, wie eine Abnahme der Lern- und Leistungsmotivation, niedrigeren Selbstwert und schwächere schulische Leistungen im Allgemeinen (Buhs et al., 2006; Coie et al., 1992; DeRosier et al, 1994; Ollendick et al, 1992). Auch erlebter Druck von Seiten der Peers – der zwischen der achten und neunten Klasse am höchsten ist – hat negative Auswirkungen auf die schulische Anpassung (Steinberg, Brown, & Dornbush, 1996). Hinzu kommt, dass für Sekundarschulen eine wachsende Konkurrenz und sozialer Vergleich zwischen den Peers charakteristisch ist (Harter, 1996).

Zusammenfassend kann man sagen, dass Peers nicht nur eine wichtige *direkte* Motivationsquelle (Raufelder, Jagenow, Drury, & Hoferichter, 2013) darstellen, sondern die Qualität der Peer-Beziehungen in der Klasse auch als *indirekte* Einflussgröße (z. B. durch erlebte Hilfsbereitschaft, Unterstützung, soziales Zugehörigkeitsgefühl, Freundschaft; Vergleich) der Motivation fungiert (Berndt, 1999; Bokhorst, Sumter, & Westenberg, 2010; Cappella, Kim, Neal, Jackson, 2013; Hymel, Comfort, Schonert-Reichl, & McDougall, 1996; Wentzel 2009a, Wentzel et al, 2010).

Ob bzw. in welchem Ausmaß Peers und Lehrkräfte im stark sozial-, Wettbewerbs- und Leistungs-orientierten Schulsystem womöglich mit verantwortlich sind, dass Kinder mit Eintritt in die Schule ihre intrinsische Motivation tendenziell verlieren, ist bislang nicht geklärt. Auch mangelt es insgesamt an differenzierten und systematischen Untersuchungen der Motivationsentwicklung über die gesamte Schullaufzeit unter Berücksichtigung sozio-kultureller Einflussgrößen. Die in diesem Kapitel aufgeführten Studienergebnisse basieren teilweise auf unterschiedlichen motivationstheoretischen Ansätzen und/oder haben verschiedene Aspekte der Beziehung zu Lehrkräften oder Peers untersucht, so dass eine Generalisierung der Ergebnisse unmöglich ist. Insbesondere die Effekte negativer Peer- und Lehrer-Beziehungen in Bezug auf Motivationsprozesse sind kaum erforscht, ebenso mangelt es an Untersuchungen zur Motivation sogenannter Außenseiter/-innen. Generell sind Studien zu interindividuellen Unterschieden in der Motivationsforschung eher rar, obwohl eben diese im Fokus der ursprünglichen – oben skizzierten – Motivationstheorien standen.

4.3 Interindividuelle Unterschiede

Die in Kapitel 1 skizzierten Motivationstheorien haben alle etwas gemeinsam: Sie unterstreichen interindividuelle Unterschiede in Bezug auf Motivation, insofern jedes Individuum ein eigenes Muster an Zielen und Bedürfnissen hat. Möchten wir die Lernmotivation von Schüler/-innen im Schulkontext maximieren, dann zielen diese Theorien eigentlich auf folgende Frage ab: Wie kann die Lernmotivation von Schüler/-innen durch die Berücksichtigung eben dieser interindividuellen Unterschiede effektiv gefördert werden?

Wie oben skizziert (vgl. Kapitel 1) galten interindividuelle Unterschiede in der frühen Motivationsforschung als bedeutende Determinanten menschlichen Verhaltens (Bateman, 2009). So haben unter anderem Murray (1938) und McClelland, Atkinson, Clark und Lowell (1953) gezeigt, dass Motivationsprozesse interindividuell sehr unterschiedlich verlaufen, was die Vermutung nahelegt, dass eventuell theoretische Unterschiede existieren. Allerdings hat man diesen Ansatz nicht weiter verfolgt, stattdessen nahm die systematische Untersuchung interindividueller Unterschiede in den 1970er und frühen 1980er Jahren stetig ab (vgl. Bateman, 2009) und die Motivationsforschung fokussiert mehr und mehr situationale (z. B. *„Job Characteristics Model"*; Hackman & Oldham, 1976) und kognitive (e.g., *„Expectancy Theory"*, Vroom, 1964; *„Self-Efficacy-Theory"*, Bandura 1982; und *„Goal Setting Theory"*, Locke & Latham, 1990) Theorien der Motivation – dem Variablen-orientierten Ansatz folgend, der insbesondere Zusammenhänge zwischen Variablen zu erklären sucht (Magnusson, 2003; von Eye & Bogat, 2006; von Eye & Spiel, 2010). Zwar werden interindividuelle Unterschiede nicht völlig aus der Motivationsforschung verbannt, aber theoriegeleitete und systematische Untersuchungen zu interindividuellen Unterschieden werden immer seltener

(Kanfer & Heggestad, 1997). Erst im Zuge einer neuen Hinwendung zum Personen-orientierten Ansatz mit Beginn des neuen Jahrtausends (Bergmann, 2001; Magnusson, 2003; von Eye & Bogat, 2006) werden interindividuelle Unterschiede in der Motivationsforschung – auch in Hinblick auf die empirische Bildungsforschung – wieder zunehmend berücksichtigt (Malmberg & Little, 2007; Raufelder, Jagenow, Hoferichter, & Drury, 2013), auch wenn sie nach wie vor – im Vergleich zu Variablen-orientierten Ansätzen – eine untergeordnete Rolle spielen. Muthén und Muthén (2000) definieren das Ziel Personen-orientierter Forschung als *„to group individuals into categories, with each one containing individuals who are similar to each other and different from individuals in other categories"* (Muthén & Muthén, 2000, S. 882). Wie so oft in der Wissenschaft, bergen beide Ansätze (Personen- vs. Variablen-orientierter Ansatz) Vor- und Nachteile, weil sie jeweils gewisse Aspekte ein- bzw. ausblenden. Demzufolge sprechen sich die meisten Methodiker für eine Kombination beider Ansätze aus (Muthén & Muthén, 2000; von Eye, 2010; Bergmann, 1998).

Hinweise für solche interindividuellen Unterschiede in Bezug auf die schulische Motivation Jugendlicher zeigten sich auch in einer ethnografischen Feldstudie (Raufelder, 2007), insofern die Rolle von Peers und Lehrkräften als Motivationsquelle für Schüler/-innen unterschiedlich bedeutend war. Ausgehend von diesen Befunden widmete sich die von der Volkswagenstiftung finanzierte Nachwuchsforschergruppe SELF (Sozio-Emotionale LernFaktoren; www.self-projekt.de) der systematischen Untersuchung möglicher interindividueller Unterschiede in Hinblick auf sozio-motivationale Einflussgrößen im Schulkontext. Wie bereits oben skizziert (vgl. Kapitel 4.2) haben Ergebnisse aus überwiegend Variablen-orientierten empirischen Studien zeigen können, dass sowohl Peers (Wentzel, 2009a, 2009b; Wentzel, Battle, Russell & Looney, 2010) als auch Lehrkräfte inklusive ihrer Unterrichtsgestaltung und Interaktion mit den Lernenden (Pianta, Hamre, & Stuhlman, 2003; Seidel et al., 2006) eine wichtige Rolle für die individuelle Motivation der Schüler/-innen spielen. Auch konnte aufgezeigt werden, dass die Motivation der *meisten* Schüler/-innen mit Beginn der Adoleszenz *tendenziell* abnimmt und ihren Tiefpunkt *in der Regel* in der neunten Klasse erreicht (Harter, 1996; Eccles, Wigfield & Schiefele, 1998), was Wigfield und Eccles (2001) mit den Veränderungen im Selbst (aufgrund der mannigfachen psychischen und physischen Entwicklungsprozesse; siehe auch McInerney & McInerney, 2006) bzw. in der Umwelt (z. B. sozialen Beziehungen mit Peers und Lehrern) der Heranwachsenden erklären. Der aufmerksame Leser wird bemerkt haben, dass ich bewusst einige Wörter kursiv gesetzt habe, die charakteristisch für Ergebnisse Variablen-orientierter Forschung sind. Diese Ergebnisse geben nämlich eine Tendenz des Durchschnitts aller untersuchten Schüler/-innen an, schließen jedoch nicht aus, dass es Schüler/-innen gibt, deren Motivation mit Beginn der Adoleszenz nicht abnimmt (z. B. statistische „Ausreißer“). Entsprechend konnten Wigfield und Eccles (2001) zeigen, dass diese Veränderungen im Selbst und der Umwelt der Jugendlichen nicht bei allen Schüler/-innen zu einer Abnahme der Motivation führen. Diese Befunde wurden auch von Deci und Ryan (2000a) bestätigt, die gezeigt haben, dass es Schüler/-innen mit konstanter Motivation gibt. Ausgehend von diesen teils widersprüchlichen Befunden und einem Personen-orientierten Ansatz folgend, hat die Nachwuchsforschergruppe SELF die Hypothese aufgestellt, dass vier Motivationstypen unterschieden werden können: (1) Peer-abhängiger Motivationstyp, (2) Lehrer-abhängiger Motivationstyp, (3) Peer-und-Lehrer-abhängiger Motivationstyp und (4) Peer-und-Lehrer-unabhängiger Motivationstyp. Zur Überprüfung dieser Hypothese wurde ein methodentriangulatives (Raufelder, Jagenow, Hoferichter, & Wilkinson, 2012) und längsschnittliches Forschungsdesign konzipiert: So wurden 2011 insgesamt 1088 Schüler/-innen aus 23 Sekundarschulen (13 Gymnasien und 10 Oberschulen) in Brandenburg mittels standardisierter Fragebögen u. a. zu ihren Peers und Lehrkräften als Motivationsquelle befragt (Raufelder, Drury, Jagenow, Hoferichter, & Bukowski, 2013). Die Ergebnisse einer konfirmatorischen latenten Klassenanalyse (CLCA) haben die angenommene Motivationstypologie bestätigt (Raufelder, Jagenow, Drury, & Hoferichter, 2013) (siehe Abbildung 10), wobei weder signifikante Geschlechts- noch Schulform-, oder Notenunterschiede identifiziert werden konnten.

Abb. 9: CLCA Ergebnisse SELF-Projekt 2011

Quelle: Eigene Darstellung

Die Verteilung war wie folgt: 36.5 % der Schüler/-innen konnten dem Peer-abhängigen Motivationstyp, 9.5% dem Lehrer-abhängigen Motivationstyp, 27.8% dem Peer-und-Lehrer-abhängigen Motivationstyp und 26.3% dem Peer-und-Lehrer-unabhängigen Motivationstyp zugeordnet werden.

Anschließend wurden Schüler/-innen von jedem der vier Motivationstypen ausgewählt, die besonders repräsentativ für den jeweiligen Typen waren. Diese Jugendlichen wurden von SELF-Neurowissenschaftler/-innen der Charité kontaktiert und zur Teilnahme an einer fMRT-Studie eingeladen. Insgesamt wurden schließlich 88 Schüler/-innen mittels verschiedener fMRT Paradigmen untersucht. Mit diesen 88 Schüler/-innen wurden zudem semi-strukturierte qualitative Interviews geführt, um ein tieferes Verständnis für die der Typologie zugrundeliegenden Mechanismen zu erlangen (Hoferichter & Raufelder, 2014). Die Ergebnisse dieser qualitativen Interviews haben gezeigt, dass die Motivation von Schüler/-innen des Peer-abhängigen Motivationstyps stark durch das Lernverhalten, die soziale Unterstützung und

Motivation der Peers geprägt wird. Wobei diese sozio-motivationale Peer-Abhängigkeit durchaus einen reziproken Charakter hat (Hoferichter & Raufelder, 2014). D. h., Schüler/-innen dieses Motivationstyps werden durch Peers in ihrer Motivation unterstützt, gleichzeitig motivieren sie diese aber auch. Im Gegensatz dazu wird die Motivation von Schüler/-innen des Lehrer-abhängigen Motivationstyps von der Motivation des Lehrenden für das Fach und die wahrgenommene soziale Unterstützung und Rückmeldung der Lehrkraft beeinflusst. Auch hier haben die ergänzenden qualitativen Analysen gezeigt, dass dabei eine starke emotionale Bindung an die Lehrkraft von Bedeutung ist, meist geprägt durch gegenseitige Sympathie (Hoferichter & Raufelder, 2014). Der Peer-und-Lehrer-abhängige Motivationstyp ist sowohl auf Peers als auch auf Lehrer und deren Unterstützung angewiesen, um motiviert zu sein. Dabei vereint dieser Typ nicht nur die motivationalen Bedürfnisse der ersten beiden Motivationstypen, sondern zeigt darüber hinaus noch ein starkes Bedürfnis nach sozialer Eingebundenheit insgesamt (Hoferichter & Raufelder, 2014). Im Gegensatz dazu ist der Peer-und-Lehrer-unabhängige Motivationstyp hinsichtlich seiner (schulischen) Motivation unabhängig vom Lernverhalten, der Motivation und der wahrgenommenen Unterstützung durch Peers und Lehrer/-innen.

Insgesamt zeigen die bisherigen Ergebnisse, dass starke inter-individuelle Unterschiede in der Wahrnehmung von Peers und Lehrern für den Motivationsprozess bestehen. Einerseits gibt es Schülerprofile, für die Peers und/oder Lehrer/-innen eine wichtige Rolle für ihre Motivation spielen, andererseits benötigen immerhin 27.8% der befragten Schüler weder Peers noch Lehrer/-innen, um motiviert zu sein. D. h., letztere sind sozio-motivational unabhängig, wohingegen die anderen drei Motivationstypen (MT) sozio-motivational abhängig sind. Darauf aufbauend wurde das Konzept sozio-motivationaler (Un-)Abhängigkeit formuliert (Raufelder, 2014; Raufelder, Regner, Drury, & Eid, 2016): Demzufolge sind Individuen sozio-motivational abhängig, wenn ihre Motivation durch die Motivation, das Lernverhalten und die Unterstützung anderer beeinflusst wird. Umgekehrt sind Individuen sozio-motivational unabhängig, wenn die eigene Motivation unabhängig von der Motivation, der sozialen Unterstützung und dem Lernverhalten anderer ist. Nach dieser Definition können Schüler/-innen aus der Gruppe des Peer-abhängigen, Lehrer-abhängigen und Peer-und-Lehrer-abhängigen Motivationstyps als sozio-motivational abhängig beschrieben werden, wohingegen der Peer-und-Lehrer-unabhängige Motivationstyp sozio-motivational unabhängig ist (Raufelder, 2014).

Um die Motivationstypologie mit neuronalen Lernprozessen zu verknüpfen, wurde im Rahmen eines sogenannten probabilistischen *Reversal*-Lernparadigmas (Umlern-Paradigma) im fMRT untersucht, ob sich die vier Motivationstypen in Bezug auf Verstärkungslernraten und Aktivitätsmuster von Gehirnarealen unterscheiden, die mit Verstärkungslernen in Verbindung stehen (Striatum, präfrontaler Cortex) (vgl. Raufelder et al., 2016). Bei diesem Paradigma geht es um eine belohnungsbasierte Entscheidungsaufgabe: Die Schüler/-innen konnten Geld gewinnen, wenn sie den einen „richtigen" von zwei unterschiedlichen Stimuli (Dreieck vs. Quadrat) ausgewählt haben, wobei einer der Stimuli mit einer höheren Wahrscheinlichkeit (80%) auch den Gewinn bringt. Diese Wahrscheinlichkeit wechselt während des Experiments zwischen den Stimuli, d. h., die Proband/-innen müssen umlernen und ihr Auswahlverhalten entsprechend anpassen, wenn sie erfolgreich sein wollen (Geld gewinnen). Das eine Stimuli war jeweils mit einer Gewinnwahrscheinlichkeit von 80% versehen, das andere mit einer Verlustwahrscheinlichkeit von 20%, die – wie gesagt – während des Experiments mehrmals wechselt (*reversal* ⇒ umlernen). Dabei besteht jeder Versuch aus drei Phasen: die Präsentation der zwei Stimuli (max. 1.5s), die Auswahl eines Stimulus via Tastendruck durch den Probanden bzw. die Probandin (1.5s – RT) und Feedback (1s) (vgl. Abb. 11). Zwischen den einzelnen Versuchen erscheint jeweils ein Fixierungskreuz. Anschließend erscheinen zwei Symbole (Dreieck vs. Quadrat), die zufällig links oder rechts am Bildschirm angeordnet sind. Der Proband bzw. die Probandin muss dann ein Symbol via Tastendruck (rechts vs. links) innerhalb des erlaubten Zeitrahmens auswählen, sonst erscheint die Nachricht „Zu langsam!" und das Experiment wechselt zum nächsten Versuch. Wenn der Proband bzw.

die Probandin rechtzeitig ein Symbol via Tastendruck ausgewählt hat, erscheint ein blauer Rahmen um das ausgewählte Symbol und das Feedback erscheint: (1) positives Feedback in Form einer angezeigten 10 Cent Münze und der Nachricht „Gewonnen! + 10 Cent", (2) negatives Feedback in Form einer durchgestrichenen 10 Cent Münze und der Nachricht „Verloren! – 10 Cent". Hat der Proband bzw. die Probandin das Kriterium von fünf richtigen Antworten (z. B. durch Wahl des richtigen Stimulus mit den höheren Gewinnchancen) innerhalb der letzten sechs Versuche erreicht, dann war die Chance der Umkehr der Wahrscheinlichkeitsverteilung im nächsten Versuch 20%. Bevor die Schüler/-innen diese Aufgabe im Scanner erledigen mussten, wurden sie mittels einer PowerPoint Präsentation und einer kurzen Trainingseinheit ohne Umkehr auf das Experiment vorbereitet. Sie wurden informiert, dass Veränderungen der Gewinnverteilung während des Experiments möglich sind und dass sie am Ende das gewonnene Geld (maximal 8€) ausbezahlt bekommen.

Abb. 10: Probabilistisches Reversal-Lernparadigma

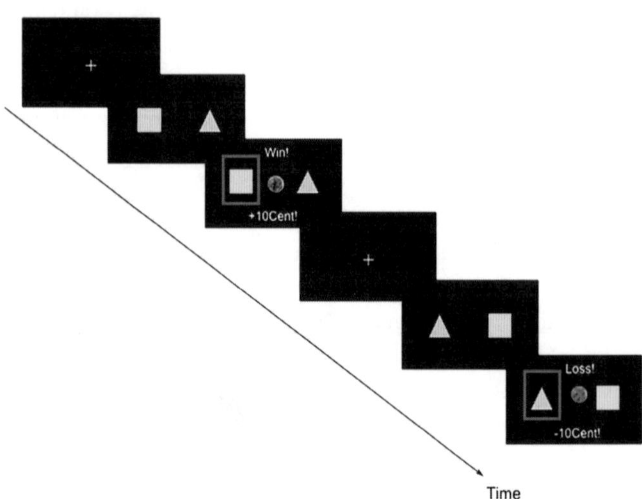

Quelle: Raufelder et al. (2016)

Die Ergebnisse der multinominal logistischen Regression (in der Personen- und Variablen-orientierte Ansätze kombiniert werden, insofern die Lernrate während des probabilistischen Reversal-Lernparadigmas und die Gehirnaktivität im Striatum und präfrontalen Kortex als Prädiktoren der vier Motivationstypen fungieren) haben gezeigt, dass die Lernrate tatsächlich als Prädiktor der Zugehörigkeit zum Peer-und-Lehrer-abhängigen Motivationstyp versus der Zugehörigkeit zum Peer-und-Lehrer-unabhängigen Motivationstyps fungiert. So passen Schüler/-innen des Peer-und-Lehrer-abhängigen Motivationstyps ihr Verhalten während der Lernaufgabe im Scanner stärker an das Feedback an, das sie in Rückmeldung auf ihre Leistung (Aufgabenlösung) erhalten. Das mag möglicherweise daran liegen, dass der Peer-und-Lehrer-abhängige Motivationstyp feedbacksensibler bei grundlegenden Lernmechanismen ist, was sich eben auch in der sozio-motivationalen Abhängigkeit manifestiert. Im Gegensatz dazu scheint der unabhängige Motivationstyp weniger auf Feedback (Verstärkung) während des Lernens anzusprechen. Allerdings gab es keine signifikanten Unterschiede zwischen den anderen Motivationstypen, was aber auch der relativ kleinen Stichprobe geschuldet sein mag. Die Untersuchung hat auch gezeigt, dass die Aktivität in zwei Gehirnregionen (präfrontaler Cortex und Striatum) während der Lernaufgabe vorhersagt, ob die Schüler/-innen sozio-motivational abhängig oder sozio-motivational unabhängig sind: Je höher die Aktivität im rechten präfrontalen Cortex während der Lernaufgabe, desto eher ist man ein Peer-und-Lehrer-abhängiger Motivationstyp als ein Peer-und-Lehrer-unabhängiger Motivationstyp. Dieses Ergebnis stimmt mit Studien überein, die zeigen, dass der präfrontale Cortex eher mit kontrollierten und Feedback-bezogenen Lernprozessen in Verbindung steht (Cools, Clark, & Robbins, 2004; van Schouwenburg, Aarts, & Cools, 2010; Wolfensteller & Ruge, 2012), was wiederum in Einklang mit den Ergebnissen aus den qualitativen Interviews steht, die gezeigt haben, dass der Peer-und-Lehrer-abhängige Motivationstyp stark Feedback-orientiert und gut an den Schulkontext angepasst ist, sowie eher kontrolliertes Verhalten im Unterricht zeigt (Hoferichter & Raufelder, 2014; Raufelder, Regner, Drury, & Eid, 2016). D. h., Schüler/-innen mit sozio-motivationaler Abhängigkeit befolgen eher Anleitungen und passen sich generell eher an Feedback an. Zudem haben die Analysen gezeigt, dass die Aktivität im linken assoziativen Striatum die Wahrscheinlichkeit erhöht ein unabhängiger Motivationstyp zu sein. Daraus kann man schließen, dass Schüler/-innen des unabhängigen Motivationstyps sich eher auf ihre eigenen Annahmen und Schlüsse hinsichtlich ihrer Lernaktionen verlassen bzw. das Feedback ignorieren. Insgesamt unterstützen die Ergebnisse dieser fMRT-Untersuchung das Konzept sozio-motivationaler (Un-)Abhängigkeit, das mit unterschiedlichen Lernmustern sowohl auf der behavioralen als auch auf der neuronalen Ebene einhergeht. Überträgt man diese Ergebnisse auf den Unterricht, dann sollten sich Lehrkräfte bewusstmachen, dass Schüler/-innen mit einer sozio-motivationalen Abhängigkeit von Feedback und konkreter Anleitung profitieren, wohingegen Schüler/-innen mit einer sozio-motivationalen Unabhängigkeit eine autonomere Lernumgebung mit weniger Instruktionen und Feedback von Peers und Lehrkräften benötigen. Schüler/-innen des unabhängigen Motivationstyps zeichnen sich durch eine hohe Verhaltensflexibilität aus, der durch Autonomie-unterstützende Unterrichtstechniken oder schülerzentriertes Lehrverhalten entsprochen werden kann (Radel, Sarrazin, Legrain, & Wild, 2010; Roth, Assor, Kanat-Maymon, & Kaplan, 2007; Soenens & Vansteenkiste, 2005).

Im Jahr 2013 startete der zweite methodentriangulative Erhebungsprozess im SELF-Projekt: Wieder fand zunächst eine (1) Fragebogenerhebung (dabei verringerte sich die Zahl der teilnehmenden Schüler/-innen aufgrund üblicher Ausschlussprozesse auf 845), dann eine (2) fMRT Messung (76 Proband/-innen) und anschließend (3) qualitative Interviews statt. Zusätzlich wurden in Kooperation mit der Concordia University in Montréal (Kanada) 2012 eine Datenerhebung an Schulen in Montréal und 2014 eine Datenerhebung an Schulen in Moskau (Russland) durchgeführt, um unsere Typologie an anderen Stichproben zu validieren und gleichzeitig mögliche soziokontextuelle Einflussgrößen mit zu berücksichtigen (Hoferichter, Raufelder, Eid, & Bukowski, 2014). Zudem wurden uns umfassende Schüler/-innen-Datensätze aus Ankara (Türkei) und Manila (Philippinen) zur Verfügung gestellt, die ebenfalls im Rahmen des SELF-Projekts entwickelten Relationship & Motivation (REMO)-Skalen (Raufelder, Drury, Jagenow, Bukowski, & Hoferichter, 2013) zur Erfassung sozio-motivationaler (Un-)Abhängigkeit eingesetzt haben. In allen Ländern konnten die vier Motivationstypen bestätigt werden, wobei die Verteilung der Typen und die Ausprägung der Rolle von Peers und Lehrkräften stark divergieren. So zeigte ein Vergleich zwischen türkischen und deutschen Schüler/-innen (Raufelder, Bakadorova, Yalcin, Ilgun Dibek, & Yavuz, 2017), dass die sozio-emotionale Abhängigkeit zu Lehrer/-innen und Peers bei den türkischen Schüler/-innen ausgeprägter ist. Im Gegensatz dazu zeigen deutsche Schüler/-innen mehr individuelles Lernverhalten, was sowohl durch die unterschiedlichen Kulturkreise, als auch – zum Teil – durch die unterschiedlich gewählten Ziele der Schulausbildung in den Ländern erklärt werden kann.

Diese Ergebnisse werden auch durch den Vergleich von deutschen und kanadischen (Hoferichter, Raufelder, Eid, & Bukowski, 2014) sowie zwischen russischen und philippinischen Schüler/-innen (Hoferichter, Bakadorova, Raufelder, & Francisco, 2018) bestätigt: In Deutschland ist der Peer-abhängige Motivationstyp vor dem Peer-und-Lehrer-unabhängigen Motivationstyp am häufigsten zu finden. In Kanada dagegen ist die Gruppe des Peer-und-Lehrer-abhängigen Motivationstyps (mit 57%) vor dem Peer-und-Lehrer-unabhängigen Motivationstyp am häufigsten vertreten. In beiden Ländern ist die Gruppe der Lehrer-abhängigen Jugendlichen die kleinste (vgl. Abb. 12 und Abb. 13).

Die unterschiedliche Verteilung zwischen den Motivationstypen in Deutschland und Kanada geht auf den jeweiligen Einfluss der sozialen und kulturellen Umwelt des Schulsystems in den beiden Ländern zurück. In Deutschland haben der Autonomiegedanke und die von Jugendlichen geforderte Selbstkontrolle Einfluss auf ihr Bindungsverhalten. In Kanada dagegen steht die persönliche und soziale Kompetenzentwicklung im Zentrum des Schulgeschehens, was sich deutlich in den Ergebnissen der Motivationsstudie niederschlägt. Die Ergebnisse zeigen, dass deutsche Schüler/-innen ihre Motivation zum größten

Teil aus der Beziehung zu ihren Peers erhalten (Peer-abhängiger Motivationstyp), aber auch aus der eigenen Person als Peer-und-Lehrer-unabhängiger Motivationstyp.

Abb. 11: CLCA Kanada 2012 Abb. 12: CLCA Deutschland 2011

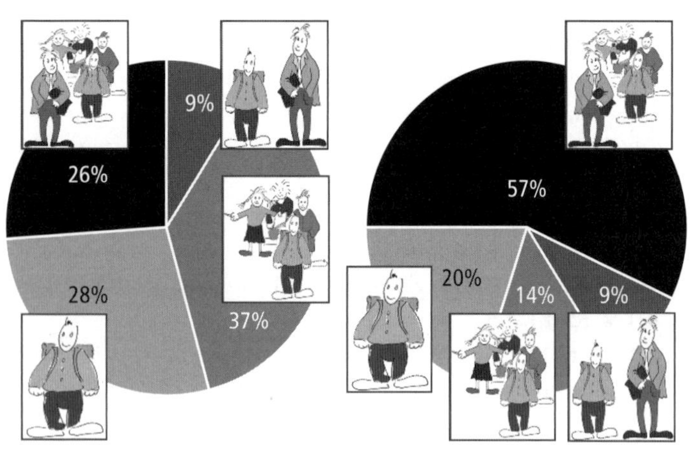

Quelle: Eigene Darstellung

Das Verhältnis zu ihren Lehrer/-innen ist häufig formeller und distanzierter als in Kanada. Kanadische Schüler/-innen empfinden daher meistens sowohl ihre Peers als auch ihre Lehrer/-innen als motivierend.

Auch der Vergleich zweier kollektivistischer Nationen (Russland und Philippinen) hat interessante Unterschiede in Bezug auf die Motivationstypologie aufgedeckt (Hoferichter, Bakadorova, Raufelder, & Franciso, 2018): Während in Russland (ähnlich wie in Kanada) die Mehrheit (über 57%) der befragten Schüler/-innen als Lehrer-und-Peer-abhängiger Motivationstyp identifiziert wurden, konnten auf den Philippinen 85% der befragten Schüler/-innen dem Lehrer-und-Peer-unabhängigen Motivationstyp zugeordnet werden. Das mag daran liegen, dass philippinische Schüler/-innen angeben sehr stark intrinsisch und lernzielorientiert motiviert zu sein, fokussiert auf Wissenserwerb und die Verbesserung der eigenen Fähigkeiten und Kompetenzen (Bernardo &

Ismail, 2010), so dass sie sich konsequenterweise nicht abhängig von sozialen Beziehungen als Motivationsquelle machen. Im Gegensatz dazu ist die größte Gruppe in Russland der Peer-und-Lehrer-abhängige Motivationstyp, was durch das stark sozial organisierte Schulsystem erklärt werden kann: So sind Schüler/-innen von der Grundschule bis in die Sekundarschule in ein und derselben Klasse, wobei auch die Lehrkräfte selten wechseln. Der Unterricht ist stark Lehrer-fokussiert (Holloway, Mirny, & Bempechat, 2008), wobei auch die Gruppenarbeit mit den Peers eine wichtige Rolle spielt: „*Individual and collective education are connected with each other because the group educates the student and the student influences the group*" (Elliott & Tudge, 2012, S. 166). Tatsächlich wirkt eine starke Peer-Kraft in russischen Klassen, die auf der Idee aufbaut, dass Peers das Individuum dabei unterstützen den Erwartungen der Lehrkräfte zu entsprechen (Elliott & Tudge, 2012). Insgesamt haben die interkulturellen Studien zur Motivationstypologie gezeigt, dass (a) das Prinzip sozio-motivationaler (Un-)Abhängigkeit sowohl in individualistischen als auch in kollektivistischen Gesellschaften zu finden ist und damit möglicherweise ein grundlegendes motivationstheoretisches Konzept aufzeigt, (b) die Verteilung der Motivationstypen von Nation zu Nation stark variiert, was (c) auf einen starken soziokulturellen Einfluss (z. B. nationale Werte, Normen, Schulsystem) in Bezug auf sozio-motivationale (Un-)Abhängigkeit hinweist.

Um nicht nur inter-individuellen Unterschieden gerecht zu werden, sondern auch mögliche intra-individuelle Unterschiede im Verlaufe der Adoleszenz zu berücksichtigen, wurden zudem langfristige Veränderungen in Hinblick auf das Konstrukt sozio-motivationaler (Un-)Abhängigkeit untersucht (Jagenow, Raufelder, & Eid, 2015). Die Ergebnisse der latenten Transaktionsanalysen haben gezeigt, dass die 4-Klassen-Lösung zu beiden Messzeitpunkten die statistisch beste Lösung darstellt. Dieses Ergebnis legt die Vermutung nahe, dass die Existenz der vier Motivationstypen im Verlauf vonder frühen zur mittleren Adoleszenz eine feste Konstante ist, was auch durch den Vergleich mit kanadischen, russischen, türkischen und philippinischen Schüler/-innen bestätigt wurde (Hoferichter, Raufelder, Eid, & Bukowski, 2014;

Hoferichter, Bakadorova, Raufelder, & Francisco, 2018; Raufelder, Bakadorova, Yalcin, Ilgun Dibek, & Yavuz, 2017). Darüber hinaus zeigen die Ergebnisse in Deutschland interessanterweise, dass die Gruppe des Lehrer-abhängigen MT im Verlaufe des Jugendalters zunimmt, wohingegen die Gruppe des Lehrer-und-Peer-abhängigen MT abnimmt (siehe Abbildung 14 und 15). D. h., der übliche Entwicklungstrend, demzufolge Peers mit zunehmender Adoleszenz wichtiger werden, wohingegen Erwachsene an Bedeutung verlieren (vgl., Brown, 1990; Csikszentmihalyi & Larson, 1984; Hymel, Comfort, Schonert-Reichl, & McDougall, 1996; Levitt, 2005; Rohrbeck, 2003) scheint nicht zwangsläufig auf sozio-motivationale Beziehungen im Schulkontext zuzutreffen. Insgesamt sah die Verteilung 2013 wie folgt aus: 35.4% der befragten Schüler/-innen konnten dem Peer-abhängigen Motivationstyp 17.8% dem Lehrer-abhängigen Motivationstyp, 18.4% dem Peer-und-Lehrer-abhängigen Motivationstyp, und 28.4% dem Peer-und-Lehrer-unabhängigen Motivationstyp zugeordnet werden. Auch hier gab es keine signifikanten Geschlechter-, Schulform- oder Notenunterschiede.

Abb. 13: CLCA Ergebnisse 2011

Abb. 14: CLCA Ergebnisse 2013

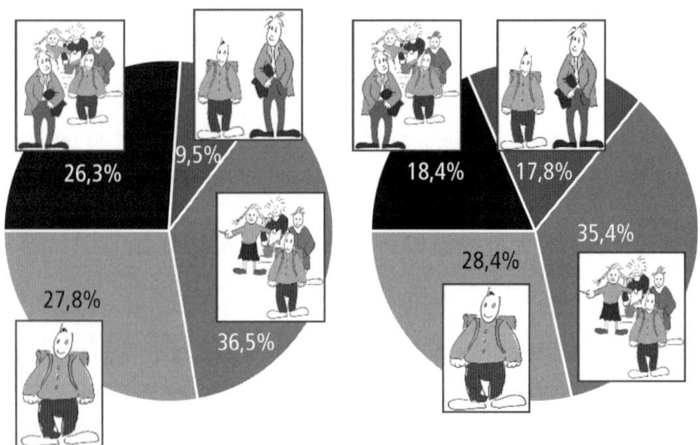

Quelle: Eigene Darstellung

Ein starker Wechsel einzelner Schüler/-innen konnte zwischen den drei Gruppen sozio-motivationaler Abhängigkeit aufgezeigt werden, wohingegen die Gruppe sozio-motivational-unabhängiger Schüler/-innen nahezu unverändert blieb, was das Konzept sozio-motivationaler (Un-) Abhängigkeit untermauert. Anhand der hier skizzierten Typologie lassen sich wichtige Hinweise auf Unterschiede in der Motivation adoleszenter Schüler/-innen finden, die in Methoden des individualisierten Unterrichts (Hellrung, 2001; Bräu, 2007; Glogger et al., 2012; MacLellan, 2008) und in der Förderung sozialer Kompetenz (Raufelder & Bünger, 2014; Bünger & Raufelder, 2014) innerhalb des schulischen Kontextes ihre Entsprechung finden sollten.

Um auch mögliche negative Einflussfaktoren von Peers und Lehrer/-innen auf die schulische Motivation im Verlauf der Adoleszenz zu untersuchen, wurde die Typologie um negative Aspekte ergänzt (Jagenow, Raufelder, & Eid, zur Überprüfung eingereicht). Die Ergebnisse dieser latenten Transaktionsanalyse zeigen, dass Peers nur als positive Motivationsquelle wahrgenommen werden, wohingegen Lehrer/-innen sowohl positiv als auch negativ auf die Motivation der Jugendlichen wirken können. Insgesamt konnten 6 Motivationstypen zu beiden Messzeitpunkten unterschieden werden, wobei vor allem die Gruppe des unabhängigen Motivationstyps vom ersten Messzeitpunkt (2011) zum zweiten Messzeitpunkt (2013) zunimmt: (1) positiver und negativer Lehrer-abhängiger und positiver Peer-abhängiger Motivationstyp, (2) positiver Peer-abhängiger Motivationstyp, (3) negativer Lehrer-abhängiger Motivationstyp, (4) unabhängiger Motivationstyp, (5) positiver und negativer Lehrer-abhängiger Motivationstyp, (6) positiver Lehrer-und-Peer-abhängiger Motivationstyp. Auch hier gab es einen Wechsel zwischen den verschiedenen sozio-motivational-abhängigen Typen, aber auch von sozio-motivational-abhängigen Typen zum unabhängigen Motivationstyp. Umgekehrt gab es jedoch keinen Wechsel vom sozio-motivational-unabhängigen Typ zu einem der sozio-motivational-abhängigen Typen, was das postulierte Konzept sozio-motivationaler (Un-)Abhängigkeit einmal mehr bestätigt. Es können allerdings keine detaillierten Aussagen über Entwicklungsverläufe gemacht werden, da es lediglich zwei Messzeitpunkte über einen

Zeitraum von 2 Schuljahren gegeben hat. Das sich daraus ableitende Forschungsdesiderat einer detaillierten Untersuchung motivationaler Entwicklungsverläufe in der Adoleszenz gilt es in Folgestudien zu untersuchen.

Wenn wir nun noch einmal auf die eingangs in diesem Kapitel aufgeworfene Frage zurückkommen, wie die Lern- und Leistungsmotivation von Schüler/-innen durch die Berücksichtigung eben dieser interindividuellen Unterschiede effektiv gefördert werden kann, so zeigt die Motivationstypologie, dass sich Schüler/-innen deutlich in Bezug auf ihre sozio-motivationalen Lernprozesse unterscheiden und gibt somit einen Anhaltspunkt über die differenzierte Bedeutung von schulischen sozialen Beziehungen auf die Motivation. Dabei geht es mit der aufgestellten Motivationstypologie ausdrücklich nicht darum, Schüler/-innen zu etikettieren oder in eine Schublade zu stecken. Vielmehr liegt der Schwerpunkt darauf, das Individuum stärker im Schulkontext zu verankern. Wird das Individuum entsprechend seiner Anlagen und Besonderheiten wahrgenommen, akzeptiert und entsprechend gefördert (z. B. durch differenzierten Unterricht), wirkt das nicht nur der tendenziellen Abwärtsspirale der schulischen Motivation in der Adoleszenz entgegen, sondern kommt gleichzeitig dem schulischen Lehr-/Lernprozess zugute. Insgesamt können die skizzierten Unterschiede in der schulischen Motivation von Jugendlichen in unterschiedlichen Unterrichtsmethoden eine praktische Umsetzung finden: Schüler/-innen mit einer sozio-motivationalen Abhängigkeit können beispielsweise von Gruppenunterricht profitieren, wohingegen individualisierte Unterrichtstechniken (z. B. Lernbüro, Forschendes Lernen, Lerntagebücher) und Freiarbeit eher Schüler/-innen mit sozio-motivationaler Unabhängigkeit entsprechen. Dabei entsteht die Herausforderung an die Schule, die verschiedenen Techniken in den Schulalltag langfristig zu integrieren. Inwiefern dabei auch Erkenntnisse aus den Neurowissenschaften hilfreich sein können, wird im nächsten Kapitel thematisiert.

5. Neurowissenschaftliche Erkenntnisse

5.1 Das Motivations- bzw. Belohnungszentrum im Gehirn

Wenn es um die Frage der Motivation geht, wäre es unachtsam, die neuronalen Prozesse in unserem Gehirn außer Acht zu lassen, die letztlich unsere Motivation steuern. Verantwortlich für die Prozesse ist das mesolimbische System, das genauer auch als *mesocortikolimbisches dopaminerges System* bezeichnet wird, da der wichtigste Botenstoff in diesem System das Dopamin ist. Das mesolimbische System wird auch als Belohnungssystem des Gehirns bezeichnet, weil es zentral in emotionale Lernprozesse (Genusserlernen, Motivation, Belohnungslernen) eingebunden ist (Seamans & Yang, 2004; Schultz, 1998; Mogenson, Jones, & Yim, 1980) und damit auch maßgeblich bei der Suchtentwicklung (z. B. Alkohol, Nikotin, Kokain) beteiligt ist. Durch Gefühle der Freude, des Glücks, des Wohlbefindens fördert die mesolimbische Bahn (die die dopaminergen Projektionen der Area tegmentalis ventralis in den Nucleus accumbens, den ventromedialen präfrontalen Cortex, den Nucleus caudatus im Striatum, den Bulbus olfactorius, den Hippocampus und die Amygdala bezeichnet; vgl. Carlson, 2004) das Verstärken bestimmter Verhaltensweisen, die mit Belohnung in Verbindung stehen.

Wenn von außen ein Reiz wahrgenommen wird, der normalerweise mit einem Gefühl des Verlangens verbunden ist (z. B. ein Stück Kuchen, Schokolade, Sex), dann generiert das limbische System einen Drang, der von der Großhirnrinde als Verlangen gedeutet wird. D. h., es geht eigentlich nicht um die tatsächliche Freude beim Essen oder der körperlichen Vereinigung, sondern um die Antizipation (⇒ Motivation), was Freude/Glück bereiten könnte. Auf dieses Verlangen hin vermittelt die Großhirnrinde dem Körper ein Bedürfnis, nämlich die Befriedigung dieses Verlangens. Wird das Verlangen gestillt (z. B. in dem wir ein Stück Kuchen essen, Schokolade naschen, oder Sex haben), dann stimulieren die im ventralen Tegmentum gelegenen Zellen gemeinsam mit dem Neurotransmitter Dopamin den Nucleus accumbens – das Zentrum des menschlichen Belohnungssystems, in dem das Glücksgefühl generiert wird.

Info:

Amygdala (Mandelkern) = Die Amygdala ist Teil des limbischen Systems und bei der Wahrnehmung von Erregung und emotionaler Bewertung (z. B. in Gefahrensituationen) von zentraler Bedeutung

Dopamin = wichtiger Botenstoff (Neurotransmitter) des Nervensystems; leitet Signale zwischen Neuronen weiter und ist für eine große Anzahl an Körperreaktionen verantwortlich. Wird Dopamin ausgeschüttet, dann erlebt der Mensch Glücksgefühle

Hippocampus = zentrale Schaltstelle des limbischen Systems, Überführung von Informationen aus dem Kurzzeitgedächtnis ins Langzeitgedächtnis und wichtiges Lernzentrum

Mesolimbische System = positives Belohnungssystem

Nuccleus Accumbens = Zentrum des Belohnungssystems, in dem das Glücksgefühl generiert wird

Opiode = körpereigene Peptide, die bei der Entstehung von Euphorie beteiligt sind, aber auch Schmerz- und Hungergefühle unterdrücken, mit den Sexualhormonen interagieren und bei verschiedenen Körperregulationsprozessen beteiligt sind

Oxytocin = umgangssprachlich als „Kuschelhormon" oder „Freundschaftshormon" bezeichnet, da es Vertrauen stärkt und soziale Bindung unterstützt, reduziert Stress und Ängste und fördert Empathie

Präfrontaler Cortex = steht in Zusammenhang mit dem limbischen System und ist an der Zusammenführung von Gedächtnisinhalten und emotionalen Bewertungen beteiligt

Ventrales tegmentales Areal (VTA) = Teil des mesolimbischen Systems, das – zusammen mit Dopamin – den Nuccleus Accumbens aktiviert

Von dort aus werden nämlich Botenstoffe (körpereigene Opioide wie Endorphine und das sogenannte Freundschaftshormon Oxytocin) an andere Gehirnareale gesendet (z. B. Amygdala), die uns Gefühle von Freude, Glück und Zufriedenheit vermitteln (Carlson, 2004). Dieser

Botenstoff-Cocktail aus Dopamin, Oxytocin und Opioiden vermittelt uns zudem das Gefühl von Vitalität und Motivation, weil sie sich gegenseitig ergänzen (wobei das genaue Zusammenspiel dieser Botenstoffe noch nicht gänzlich entschlüsselt ist): Während Dopamin wie eine Leistungsdroge wirkt und klares Denken begünstigt, verknüpfen endogene Opioide das Gefühl von Kraft mit dem des Wohlbefindens und das sogenannte „Freundschaftshormon“ Oxytocin verknüpft die Motivation mit der Qualität der Beziehung, die wir mit unserem Gegenüber haben, das in dieser Situation involviert ist. Diese Botenstoffe erreichen auch den Hippocampus, eines der wichtigsten Lernzentren in unserem Gehirn, der seine Informationen wiederum an den Cortex weiterleitet (Carlson, 2004). Dadurch wird das belohnte Verhalten gelernt und bleibt im Gedächtnis. Mit anderen Worten, wenn wir einmal das gute Gefühl beim Essen von Kuchen oder beim Praktizieren von Sex erlebt haben, möchten wir dieses Verhalten wiederholen, um wieder mit dem guten Gefühl belohnt zu werden. Es ist das gute Gefühl, die Vorfreude bzw. Antizipation auf dieses gute Gefühl, das uns motiviert. Die zentrale Frage ist nun, wann wird dieses Belohnungs- oder Motivationssystem ausgelöst bzw. wie können wir steuernd darauf einwirken, um zum Beispiel unmotivierte Achtklässler für einen bestimmten Lerngegenstand zu motivieren?

Dazu muss man wissen, dass man in der neurowissenschaftlichen Forschung gegenwärtig davon ausgeht, dass die Transmitterausschüttung eng an die innere Erwartung geknüpft ist. D. h., besonders viel von diesem Botenstoffcocktail wird freigesetzt, wenn ein Ereignis unerwartet gut ausfällt (*better than expected*), wohingegen besonders wenig ausgeschüttet wird, wenn die Hoffnung auf Erfolg sehr enttäuscht wird (*worse than expected*) (vgl. Montague, 2007). Man spricht diesbezüglich auch von einem Vorhersagefehler (*prediction error*) im Verarbeitungsprozess. Stellen wir uns vor, dass der zwölfjährige Viktor zum ersten Mal in seinem Leben eine Eins in einer Mathematikklausur erhält, obwohl er sonst in keiner Klausur eine bessere Note als eine Drei erzielt hat. Er hatte folglich auch dieses Mal erwartet, eine Drei oder eine schlechtere Note zu erhalten. Seine Freude über die völlig unerwartete Eins ist unbändig, er kann es kaum glauben, es erscheint ihm wie ein Wunder. Er schäumt über vor guten Gefühlen, weil sein Belohnungs- bzw. Motivationssystem hoch aktiv ist. Das steigert seine Motivation für die nächste Mathematikklausur, weil die Antizipation auf das gute Gefühl (und nicht wie bislang gewohnt die Angst vor Misserfolg) ihn leitet. Oder stellen wir uns vor, was passiert, wenn ein Hochleistungssportler unerwartet einen Weltrekord bricht, obwohl er im Training weit davon entfernt war: Er ist schneller gelaufen oder weiter gesprungen als je zuvor – und sogar schneller oder weiter wie niemand anderes auf der ganzen Welt je zuvor: die Freude ist auch hier maßlos. Unser Belohnungs- bzw. Motivationssystem im Gehirn überschüttet uns mit Dopamin, Oxytocin und Opioiden. Wir fühlen uns so gut wie nie zuvor. Diese unerwarteten Ereignisse bleiben uns für immer im Gedächtnis, d. h. wir haben etwas Neues gelernt, eben weil sie von diesen biochemischen Prozessen (Botenstoff-Cocktail) unterstützt werden (Hollermann & Schultz, 1998; Montague, Dayan, & Sejnowski, 1996; Montague, Hyman, & Cohen, 2004). Diese Prozesse wirken aber auch in alltäglichen, „kleinen" Situationen: Wenn Kleinkinder beispielsweise im Garten das erste Mal am Himbeerstrauch stehen und lauter grüne Himbeeren pflücken und essen, bis sie plötzlich das erste Mal in den Genuss einer reifen, süßen und saftigen Himbeere kommen, dann pflücken sie danach keine grünen Himbeeren mehr. Sie haben durch das gute Gefühl beim Genuss der reifen Himbeere – für das selbstverständlich das Belohnungssystem im Gehirn verantwortlich war – gelernt, dass reife Himbeeren mit hoher Wahrscheinlichkeit ein gutes Gefühl erwarten lassen.

Man kann folglich sagen, dass unser Gehirn vor allem in neuen, unerwarteten Situationen lernt (nach besonders starker oder schwacher Aktivierung des Belohnungssystems). Dabei gilt es zu bedenken, dass unser Gehirn normalerweise rund um die Uhr damit beschäftigt ist, Geschehnisse um uns herum vorherzusagen. Beginnen wir zum Beispiel die ersten Worte eines Satzes zu lesen, dann berechnet unser Gehirn automatisch, wie dieser Satz enden wird. Wird das Vorausberechnete bestätigt, dann erklärt unser Gehirn dieses Ereignis als unbedeutend, da das Wissen ja bereits vorhanden ist. Geschieht aber etwas unerwartet Positives (wie in unseren Beispielen oben) oder auch Negatives, dann wird dieses Ereignis – aufgrund des involvierten Belohnungs- und Motivationszentrums – tief im Gedächtnis verankert. Übertragen auf Lernprozesse in der Schule bedeutet das, dass besonders neue, informationstragende und unser Interesse weckende Reize in der Lage sind, unser Belohnungs- bzw. Motivationssystem zu aktivieren (Arias-Corrón & Pöppel, 2007), weil sie Unerwartetes und im besten Fall besser als Erwartetes generieren.

Ausgehend von Befunden, die nahelegen, dass Dopamin und Oxytocin interagieren (vgl. Rademacher, Schulte-Rüther, Hanewald, & Lammertz, 2017), kann als Initiator dieses Belohnungs- bzw. Motivationssystems der andere Mensch betrachtet werden, der uns wichtig ist, dem wir Zuwendung und Sympathie entgegenbringen, der sich für uns interessiert (Bauer, 2006), was letztlich ja auch durch das Grundbedürfnis der sozialen Eingebundenheit im Sinne der Selbstbestimmungstheorie (vgl. Kapitel 2.2) gestützt wird. Tierstudien haben gezeigt, dass der oxytocinergische Kreislauf und die mesocortikolimbische dopaminerge Bahn verbunden sind und die Stärke dieser Verbindung mit dem mütterlichen Pflegeverhalten in Zusammenhang steht. Infusionen von Oxytocin im ventralen tegmentalen Areal haben zu einer erhöhten Dopaminausschüttung im ventralen Striatum geführt, was ein gesteigertes mütterliches Verhalten zur Folge hatte, wohingegen die Injektion eines Oxytocinantagonisten zu gegenteiligem Verhalten führt, nämlich zu mütterlicher Vernachlässigung (Strathearn, 2011; vgl. Rademacher, Schulte-Rüther, Hanewald, & Lammertz, 2017). Diese Befunde legen die Vermutung nahe, die auch von einigen fMRT-Studien am Menschen gestützt wird, dass das Zusammenspiel von Oxytocin und Dopamin unser sozio-affiliatives Verhalten steuert. D. h., soziale Interaktionen werden belohnt, weil Oxytocin das mesocortikolimbische dopaminerge System in Reaktion auf soziale Reize aktiviert (vgl. Rademacher, Schulte-Rüther, Hanewald, & Lammertz, 2017). Mit anderen Worten, unsere Motivation ist dann hoch, wenn wir mit anderen oder für andere Menschen etwas tun können, denen wir uns verbunden fühlen, die uns nah sind (Bauer, 2006).

Es muss an dieser Stelle angemerkt werden, dass das komplexe Zusammenspiel und die Funktionsweise des mesolimbischen Systems bislang noch nicht in allen Details entschlüsselt ist. Selbst das Wissen über die Wirkmechanismen einzelner Botenstoffe (z. B. Oxytocin) ist noch sehr begrenzt. Viele Befunde zum Belohnungs- und Motivationszentrum im Gehirn beruhen zudem auf tierexperimentellen Studien, so dass die Ergebnisse erst noch durch Studien mit Menschen verifiziert werden müssen. Auch mangelt es bislang an Langzeitstudien. Zwar steckt die neurowissenschaftliche Forschung noch in den Kinderschuhen, aber wir können sicher sein, dass sie in den nächsten Jahren weitere wichtige Impulse und Erkenntnisse für das Verstehen motivationaler Prozesse liefern wird. Was wir dennoch aus den bisherigen neurowissenschaftlichen Erkenntnissen als Implikationen auf die Förderung der Motivation in der Schulpraxis übertragen können, wird im nächsten Kapitel thematisiert.

5.2 Schulpraktische Konsequenzen aus der neurowissenschaftlichen Forschung

In der frühen Kindheit sprudeln Kinder fast über vor intrinsischer Motivation. Wenn wir Kleinkinder beobachten, wie sie die Welt entdecken und verstehen wollen, einem Drang aus sich heraus folgend, dass sie kaum zu bremsen sind, nie stillsitzen können oder wollen, dann sehen wir die Kraft der Motivation. Gehen Sie mal an einem Kindergarten vorbei und beobachten das Gewusel und die Energie der Lebendigkeit: Kinder klettern, rennen, laufen hintereinander her, buddeln im Sand, untersuchen einen Stein, aber kein Kind tut nichts. Man kann auch sagen, jedes Kind ist mit etwas und mit sich selbst beschäftigt. Sie sind stetig motiviert zu lernen, sich weiterzuentwickeln – ganz ohne Antrieb von außen. Und dann passiert etwas Merkwürdiges: Mit Eintritt in die Schule verliert sich dieser Entdeckungsdrang und dieser Wissensdurst zunehmend. Spätestens mit Beginn der Adoleszenz verliert die Mehrzahl der Kinder ihre intrinsische Motivation bzw. ersetzen diese durch extrinsische Impulse (z. B. gute Noten, Lob von der Lehrkraft, Belohnung von den Eltern). Mit anderen Worten, Kinder sind – im Laufe ihrer Schulkarriere – nicht nur generell weniger motiviert, sondern auch die Qualität der schulischen Motivation nimmt rapide ab (Deci & Ryan, 1985; Wigfield & Eccles, 2001, Wigfield et al., 1998). Wie ist das zu erklären und was hat das mit Schule und dem Belohnungs- und Motivationszentrum in unserem Gehirn zu tun? Auf diese Fragen sollen im Folgenden mögliche Antworten gegeben und Lösungswege aufgezeigt werden.

Zunächst einmal verschiebt sich der Fokus vom Individuum auf das Gruppengefüge in der Klasse: Im Sinne der sozialen Bezugsnorm (vgl. Kapitel 4.2) wird die Leistung des einzelnen Schülers bzw. der einzelnen Schülerin nicht mehr an der eigenen Entwicklung gemessen, sondern im stetigen Vergleich mit den anderen. Das passiert auch schon im Kindergarten und der Vorschule: Wer rennt am schnellsten, wer baut die größte Sandburg, wer malt das schönste Bild? In der Schule wird diesem sozialen Vergleich nun noch ein Maßstab aufgezwungen: die Benotung und Bewertung. Selbst wenn man in der Grundschule – zumindest zu Beginn – noch nicht ausschließlich anhand von Noten bewertet, findet doch konstant eine Bewertung des Individuums statt, sei es durch Fleißbienchen, Stempel, Smileys oder durch das Lob der Lehrkräfte. D. h., die Schule trainiert die intrinsische Motivation der Schüler/-innen geradezu weg, indem permanent externale Belohnungsreize propagiert werden. Es genügt nicht mehr einfach nur ein schönes Bild zu malen oder eine Aufgabe zu lösen, vielmehr müssen das Bild und die Lösung der Aufgabe den Erwartungen der Lehrkraft, vorgegebenen Kriterien entsprechen oder an den Bildern und Aufgabenlösungen der anderen gemessen werden, bevor es dann einen Wert (im Sinne einer Zensur, eines Symbols (lachendes Smiley vs. trauriges Smiley, Fleißbienchen etc.) oder einer mündlichen Bewertung durch die Lehrkraft) erfährt. Ob das Kind der Meinung ist, dass es anhand seines ausgebildeten Gütemaßstabs (vgl. Kapitel 3) ein tolles Bild gemalt hat (das Schönste, das es je gemalt hat) oder eine Aufgabe gelöst (die für das Kind sehr schwierig war) zählt letztlich wenig (wenn nicht eine individuelle Bezugsnorm als Maßstab gesetzt wird). Damit wird das eigene (intrinsische) Motivationssystem in Frage gestellt, weil permanent von außen Informationen in Bezug auf die eigene Handlung und Leistung erfolgen. Letztlich wirken die gleichen Mechanismen auf die Motivation des Kindes ein, wie in unserem Beispiel mit dem selbstgebauten Bagger von Paul und der Rückmeldung seines Vaters (vgl. S. 72), und das permanent, Schultag für Schultag. Schule (wenn sie nicht einem individuellen Lernansatz folgt) versucht damit Individuen in eine Form zu pressen: Es wird genau vorgegeben was die Klasse (nicht der Einzelne) wann, in welcher Form, in welchem Ausmaß und wie schnell lernen soll (Lernplan). Wie soll in so einer Umgebung, in der das individuelle Interesse der Schüler/-innen weitgehend ignoriert wird, unser Belohnungs- und Motivationssystem im Gehirn aktiviert werden? Wir erinnern uns: Interesse und Neugier, sowie die Qualität zwischenmenschlicher Beziehungen gelten als Voraussetzung für die Aktivierung des Belohnungs- und Motivationssystems des Gehirns und damit als Voraussetzung für erfolgreiches Lernen. Insbesondere neue, informationstragende und unser Interesse weckende Reize sind in der Lage unser Belohnungs- bzw. Motivationssystem zu aktivieren (Arias-Corrón & Pöppel, 2007), weil sie Unerwartetes und im besten Fall besser als Erwartetes generieren. Es gilt folglich, nicht Interesse bei den Schüler/-innen zu erzeugen, da unser Gehirn durch biochemische Prozesse uns ganz natürlich motiviert, sondern die Frage nach den richtigen Reizen in den Fokus zu stellen: Schule muss Kindern ermöglichen ihren natürlichen Entdeckerdrang (z. B. durch Forschendes Lernen) ausleben zu dürfen, indem sie eigene Fragen aufwerfen und lösen dürfen, Schule muss neue und unerwartete Situationen (Reize) generieren (und nicht jeden Schultag in 45-Minuten-Blöcken in einen Stundenplan eintakten mit den immer gleichen Fächern, Woche für Woche, Jahr für Jahr, in den immer gleichen Räumen, mit den immer gleichen didaktischen Konzepten), und Schule darf Lerninhalte nicht einfach vorgeben, sondern muss Erfahrungs- und Gestaltungsräume schaffen, die zum Mitgestalten anregen, in denen Interessen ausgelebt und (im eigenen Tempo) verfolgt werden dürfen. Unterricht, der mit gut ausgewählten praxisnahen Beispielen arbeitet, spricht möglichst viele Sinne des Kindes an, weckt damit sein Interesse und seine Neugier, was die Wahrscheinlichkeit erhöht das Belohnungs- und Motivationssystem im Gehirn zu aktivieren. So lernt das Gehirn am besten, wenn Bekanntes mit Neuem verknüpft werden kann, um Gesetzmäßigkeiten oder Regeln zu formulieren. Wenn Schule möglichst viele Verbindungen aus unterschiedlichen Kanälen (Bilder, Geschichten, Texte, eigene Erfahrungen, Interaktion etc.) zu einem Lernthema oder Lerninhalt aufbaut (Jensen, 1998), dann ist die Wahrscheinlichkeit sehr viel höher, dass Interesse geweckt, dass das Belohnungs- und Motivationssystem aktiviert und damit tiefes Lernen ermöglicht wird. D. h., Schule sollte erlebnisorientiert sein und dadurch zu einem emotionalen Lebensraum werden, in dem möglichst viele Sinne der Schüler/-innen angesprochen werden, um verschiedene Bereiche im Gehirn zu aktivieren und Schule sollte ein Ort sein, in dem positive soziale Beziehungen den Lernprozess begleiten. Je mehr Interesse, Aufmerksamkeit, Anerkennung und persönliche Wertschätzung ein Kind erfährt, desto stärker wird das Hormon Oxytocin ausgeschüttet, das in Zusammenhang mit der Aktivierung unseres Belohnungs- und Motivationssystems im Gehirn steht (Bauer, 2006). So sagt Hüther (2006) auch, dass die Wahrnehmung als Person durch die Lehrkraft und die Interaktion zwischen Lehrendem und Lernendem letztlich der bedeutendste Faktor für den schulischen Lernerfolg ist. Erfährt das Kind Anerkennung und Wertschätzung, eine sichere Gemeinschaft, in der man gemeinsam und nicht gegeneinander handelt, dann ist diese erlebte Bindung, die auf Vertrauen aufbaut, der beste Motor zur Aktivierung unseres Belohnungs- und Motivationssystems. Lehrkräfte sind dann keine Anleiter, sondern Lernbegleiter und -unterstützer. Erst in einer echten Kommunikation, die nur in einer Beziehung entstehen kann, die auf gegenseitigem Vertrauen aufbaut, können Lehrer/-innen erfahren, für welche Inhalte sich ihr Schüler bzw. ihre Schülerin interessiert, um diese dann im Unterricht – dem individuellen Entwicklungsstand entsprechend –berücksichtigen zu können. Darüber hinaus fungieren Lehrer/-innen – ebenso wie Eltern (vgl. Kapitel 4.1 und 4.2) als Vorbilder, insbesondere mit Beginn der Adoleszenz, wenn Kinder nach erwachsenen Vorbildern außerhalb der Familie suchen (Midgley, Feldlaufer, & Eccles, 1989; Raufelder, 2007).

Die Ergebnisse der neurowissenschaftlichen Forschung zeigen, dass wir Motivation bei Schüler/-innen nicht einfach hervorbringen können, wir können letztlich nur das Gehirn durch die oben skizzierten Maßnahmen anregen, unser Belohnungs- und Motivationszentrum zu aktivieren. Zusammenfassend kann man festhalten, dass die Wahrscheinlichkeit einer Aktivierung unseres Belohnungs- und Motivationssystems im Gehirn steigt, wenn wir durch das Ansprechen möglichst vieler Sinne zur rechten Zeit mit den richtigen Inhalten stimuliert werden, wenn wir zwischenmenschliche Beziehungen erleben, die auf Vertrauen und gegenseitiger Wertschätzung aufbauen und wenn wir dabei in unserem Selbst – mit all seinen individuellen Besonderheiten, Begabungen und Talenten – gesehen (nicht übersehen) und wahrgenommen werden (Jensen, 1998). Die bisherigen Hinweise zur Unterstützung der motivationalen Prozesse werden abschließend im letzten Kapitel dieses Buches zusammenfassend dargestellt, um gezieltes Vorgehen zur motivationalen Unterstützung im Kontext Schule abzuleiten.

6. Schulpraktische Ansätze – wie Motivationsprozesse unterstützt werden können

Der Lehrperson kommt als aktiver Gestalterin und Moderatorin des schulischen Lehr-/Lernprozesses eine aktive Rolle in Bezug auf die mögliche Unterstützung motivationaler Prozesse zu, was durch zahlreiche empirische Studien belegt ist (vgl. Kapitel 4.2). Ein möglicher Ansatzpunkt der motivationalen Unterstützung ist die Bezugsnormorientierung der Lehrkraft: Nutzt die Lehrperson eher eine individuelle Bezugsnorm, d. h., die Leistungen des Schülers bzw. der Schülerin werden an seinen bzw. ihren bisherigen Leistungen gemessen, als eine soziale Bezugsnorm, in der die Leistungen eines Schülers bzw. einer Schülerin in Bezug zu den Leistungen der anderen Schüler/-innen in einer Schulklasse setzt werden, dann fördert das die Entwicklung des Erfolgsmotivs, die Wirksamkeitserwartung und das Vertrauen in das eigene Lernpotenzial. Zudem können Lernende durch eine individuelle Bezugsnorm direkte Schlüsse auf ihr Lernverhalten ziehen, was wiederum mit einer günstigen Attribution von Misserfolg einhergeht, da dieser an veränderbaren Faktoren („Ich habe mich zu wenig vorbereitet", „Die letzte Lernstrategie hat mehr Erfolg gebracht, also sollte ich wieder besser diese nutzen für den nächsten Versuch") festgemacht wird. Nutzen Lehrkräfte hingegen eine soziale Bezugsnorm, dann begünstigt dies ungünstige Attributionen (z. B. „Ich bin einfach zu blöd für Mathe", „Ich kann keine Aufsätze schreiben", „Chemie ist zu schwierig"), da gerade leistungsschwächere Schüler/-innen keine Entwicklung und Lernzuwachse sehen, wenn sie stetig unter dem Durchschnitt der Klasse liegen. Entsprechend haben Studien belegt, dass insbesondere leistungsschwächere Schüler/innen von Lehrkräften mit einer individuellen Bezugsnormorientierung eher dem Erfolgsmotiv folgen, wohingegen Schüler/-innen von Lehrkräften mit einer sozialen Bezugsnormorientierung eher ein Misserfolgsmotiv entwickeln. D. h., durch den Fokus auf das Individuum kann die Entwicklung günstiger Motivationsmuster unterstützt werden. Auch die Lehrperson selbst erlaubt ihren Schüler/-innen mehr Entwicklungsraum, wenn sie einer individuellen Bezugsnormorientierung folgt, insofern sie dann keine langfristigen Prognosen (z. B. „Laura ist eine schlechte Schülerin", „Sven wird nie ein guter Matheschüler sein") stellt, die charakteristisch für Lehrpersonen sind, die einer sozialen Bezugsnormorientierung folgen. Lehrkräfte können zudem Schüler/-innen anleiten auf ihre Attributionen zu achten. So können gleichzeitig selbstreflexive Prozesse gefördert werden, die dem Einzelnen helfen langfristig motivational günstige Attributionen zu nutzen, was für die Entwicklung eines gesunden Selbst essenziell ist. Damit werden langfristige Weichen gelegt, von denen das Kind ein Leben lang profitieren kann. Wenn man zudem die individuelle Bezugsnorm an eine kriteriale Bezugsnorm koppelt, wie es derzeit in vielen Modellschulen in Form von Kompetenzrastern, -stufen, -niveaus erprobt wird, dann fördert das gleichzeitig das Autonomie- und Kompetenzerleben der Schüler/-innen, was – wie zahlreiche Studien im Rahmen der Selbstbestimmungstheorie gezeigt haben – der Förderung intrinsischer Motivation zugutekommt, weil Kinder sich dann als selbstbestimmt erleben. Sie entwickeln ein eigenes Verständnis für ihre Fähigkeiten und sie übernehmen selbst Verantwortung für ihren Lernprozess. Äußerungen wie zum Beispiel „Letztes Jahr habe ich in Englisch nichts gelernt, weil wir da Frau Müller hatten" kommen Schüler/-innen dann gar nicht in den Sinn, weil sie wissen, dass nicht Frau Müller für ihren Lernprozess verantwortlich ist, sondern sie selbst. Wenn Schule dem Prinzip des individuellen Lernens folgt, dann wird die Förderung der Schüler/-innen auf individuelle Bedingungen abgestimmt, Schüler/-innen werden Wahlmöglichkeiten gegeben, was sie aufbauend auf ihrem Interesse lernen möchten, d. h., sie dürfen selber Fragen aufwerfen und diese – mit Unterstützung der Peers und Lehrperson – selbstständig lösen, wie es zum Beispiel im Forschenden Lernen propagiert wird (vgl. Hattie, 2013; Schweder, 2015). Dabei steht nicht die Leistungsmaximierung im Zentrum, sondern der Lernende (Singer, 2002). Schule muss jedem Kind den Raum, die Zeit, die Anregung (alle Sinne ansprechend) und die Herausforderung zur Verfügung stellen, dass es eigenständig und individuell lernen kann, denn nur so kann Interesse entstehen Neues entdecken zu wollen, was die Grundlage für die Aktivierung unseres Belohnungs- und Motivationssystems im Gehirn darstellt. Lehrer/-innen spielen dabei eine entscheidende Rolle, da unser Belohnungs- und Motivationssystem ebenfalls aktiviert wird, wenn wir für oder mit anderen Menschen etwas tun, denen wir vertrauen, Wertschätzung entgegenbringen und die uns unterstützen. Diese sozio-emotionale Komponente findet auch im Grundbedürfnis der sozialen Eingebundenheit, wie es in der Selbstbestimmungstheorie formuliert wird, Entsprechung. Soll die Motivation der Schüler/-innen unterstützt werden, dann müssen Lehrkräfte sich genauso viel Zeit und Raum für den Aufbau positiver Beziehung bzw. der Berücksichtigung dieser sozio-emotionalen Komponente nehmen, wie sie es für die didaktische Vorbereitung des Unterrichts tun. Dazu zählt auch der Aufbau eines positiven Klassenklimas unter Einbindung der Peers und gruppendynamischer Prozesse, da sowohl positive Schüler-Schüler-Verhältnisse als auch ein Klassenklima, das auf Kooperation (vs. Konkurrenz) aufbaut, sowie die Motivation der anderen Schüler/-innen der Motivation zugutekommen kann (vgl. Kapitel 4.2). Lehrer/-innen müssen Vertrauen aufbauen, Lob äußern, Bestrafung vermeiden und Gespräche auf gleicher Augenhöhe erlauben. So konnte auch Hattie (2013) in seiner berühmten Metaanalyse zeigen, dass sowohl das Lehrer-Schüler-Verhältnis als auch Feedback zu den wichtigsten Einflussgrößen des schulischen Lernerfolgs zählen, wobei Feedback von den Schüler/-innen an die Lehrperson genauso wichtig ist wie Feedback von Lehrer/-innen an ihre Schüler/-innen. Mit anderen Worten, alle Beteiligten sollten dafür offen sein, Feedback zu geben und zu empfangen. Hatties Feedback-Modell (vgl. Hattie & Timperley, 2007; Hattie, 2013) wird dabei nur am kognitiven Lernprozess festgemacht, nicht am Selbst oder der Person (wie etwa Lob). Es wirkt auf drei Ebenen: Feedback zur Aufgabe (soll Rückmeldung zur bewältigenden Aufgabe geben), Feedback zum Lernprozess (soll Rückmeldung zum Lernweg geben, ggf. alternative Lernwege/Lernstrategien aufzeigen) und Feedback zur Selbstregulation (soll Schüler/-innen beim Ausbau der Fähigkeit helfen, den eigenen Lernprozess zu beobachten, einzuschätzen und zu verbessern), wobei auf jeder dieser drei Ebenen die folgenden drei lernrelevanten Fragen beantwortet werden sollen: (1) Was ist das Ziel? (*feed up*), (2) Wie geht es voran? (*feed back*), (3) Was kommt als nächstes? (*feed forward*).

Allerdings sollten Lehrer/-innen sowohl Rückmeldungen zum kognitiven Lernprozess als auch zum Schüler bzw. zur Schülerin als Person geben, was Becker (2007) in Anlehnung an Meltzoff auch als Prinzip der Spiegelung beschreibt: „Von einem anderen Menschen wahrgenommen/gespiegelt zu werden, beinhaltet eine Botschaft darüber, wer/wie ich selbst bin, so Andrew Meltzoff, ein amerikanischer Kinderforscher, der heute im Bereich der Spiegelzell-Forschung tätig ist. Die Fragen, die Kinder und Jugendliche an ihre Pädagogen unbewusst adressieren, lauten: (1) Zeige mir, dass ich da bin, lass mich spüren, dass es mich gibt! (2) Zeige mir, wer ich bin, beschreibe meine starken und schwachen Seiten! Lobe mich, aber kritisiere mich auch! (3) Zeige mir, was meine Entwicklungsmöglichkeiten sind, was aus mir werden kann! Zeige mir, was Du mir zutraust!“ (Becker, 2006, S.120).

Für den Aufbau eines positiven Lehrer-Schüler-Verhältnisses, das die Motivation der Schüler/-innen unterstützt, ist es außerdem wichtig, dass die Lehrperson ihre Ziele und Erwartungen transparent macht, denn ist das Ziel für Schüler/-innen nicht transparent, dann kann auch kein zielbezogenes Handeln erfolgen, wobei Leistungshandeln ohne Zielvorstellungen kaum erfolgt (vgl. Schlag, 1995). Ziele in der Schule decken sich jedoch selten mit den Zielen der Schüler/-innen, so dass Lehrer/-innen viel Zeit für die Vermittlung der Ziele verwenden sollten. Im Idealfall internalisiert der Schüler bzw. die Schülerin die schulischen Ziele und macht sie so zu seinen bzw. ihren eigenen (dann wirkt der Weg von der externalen Regulation zur intrinsischen Motivation (vgl. Kapitel 2.2)), oder die Schule übernimmt Ziele des Schülers bzw. der Schülerin und integriert diese im Sinne des Prinzips des individuellen Lernens. Dabei sollten Lehrer/-innen auf mögliche Widersprüche zwischen dem Gesagten und ihrem Handeln achten, denn nur so können sie als konsequent und authentisch erlebt werden, was wiederum Vertrauen schafft. Die Deckungsgleichheit zwischen den an die Schüler/-innen gestellten Erwartungen und den Maximen des eigenen Lehrerhandelns beschreibt Schlag (1995) als unabdingbare Voraussetzung für die Glaubwürdigkeit einer Lehrperson und damit für den Einfluss, Schüler/-innen motivieren zu können. Bringen Schüler/innen einer Lehrperson Vertrauen entgegen, dann übernehmen diese gleichermaßen eine Vorbildfunktion (Modellcharakter). D. h., die Ziele und Werte, die eine vertrauensvolle Lehrkraft vermittelt, werden als lohnend angesehen, so dass man sich anstrengt, diese zu erreichen. In diesem Zusammenhang darf auch die Rolle der Lehrermotivation für die Motivation der Schüler/-innen nicht außer Acht bleiben: Leitet ein Lehrer beispielsweise eine neue Lerneinheit mit den Worten „Jetzt widmen wir uns einem schwierigen Thema“ ein, weil es ihm möglicherweise selbst als schwierig erscheint, kann das bei vielen Schüler/-innen zu einer Misserfolgsängstlichkeit anstelle einer Erfolgszuversicht führen (vgl. Schlag, 1995). Umgekehrt wirkt die echte Begeisterung und Motivation einer Lehrperson mehr als jede Multimedia-Unterrichtsshow, weil sie sich auf die Schüler/-innen in einem auf Vertrauen aufbauenden Lehrer-Schüler-Verhältnis überträgt. Das Auftreten und die Ausstrahlung einer Lehrkraft, die Präsenz und Wille vermittelt und für ihre Vorstellungen eintritt und diese durchsetzt (Bauer, 2006), wird von Schüler/-innen als stimmig und authentisch erlebt, was Vertrauen schafft und Motivation fördert. Ein Vertrauensverhältnis zwischen Lehrer/-innen und Schüler/-innen hilft zudem Stress und Angst in der Schule zu vermeiden, die als größte Hemmer von Motivation und Lernen gelten (vgl. Ittel & Raufelder, 2008). Generell sollte die Wahrscheinlichkeit, Misserfolg im Schulalltag erleben zu können, reduziert werden, sodass Schüler/-innen erst gar kein misserfolgsvermeidendes Motivationsmuster entwickeln können (Schuster, 2017). Liegen bereits ungünstige Attributionsstile vor, können diese durch ein sogenanntes Reattributionstraining aufgelöst bzw. in günstige Attributionsstile überführt werden (Urhahne, 2008).

Wie oben ausführlich skizziert (vgl. Kapitel 4.1) können auch die Eltern den schulischen Motivationsprozess unterstützen, indem sie realistische Leistungserwartungen innerhalb der Fähigkeitskapazität ihres Kindes ansetzen und kommunizieren. Fördern nicht überfordern heißt die Regel, denn nur so kann das Selbst und damit die Entwicklung einer hohen Selbstwirksamkeit und eines hohen Fähigkeitsselbstkonzepts des Kindes gestärkt werden. Dazu zählt auch die elterliche Attribution im Umgang mit Erfolg bzw. Misserfolg ihres Kindes: So ist es günstig den schulischen Erfolg des Kindes hauptsächlich internalen Faktoren (insbesondere ihren Fähigkeiten) zuzuschreiben und Misserfolg durch eher zeitstabile Faktoren (z. B. ungenügende Anstrengung, schwierige Aufgabenstellung) zu erklären, wobei diese Attributionen nicht völlig aus der Luft gegriffen sein sollten, sondern am tatsächlichen Verhalten des Kindes orientiert, sonst droht eine Selbstüberschätzung. Durch so eine günstige Elternattribution erlebt das Kind eine positive Selbstbewertung und bei Misserfolg bleibt zudem die Hoffnung auf Erfolg im nächsten Versuch (nächste Schulaufgabe, Test, Klausur). Diese elterliche Attribution kann auch der Entwicklung des eher ungünstigen Musters der Misserfolgsvermeidung entgegenwirken, bei dem Kinder Misserfolg vor allem ihren mangelnden Fähigkeiten zuschreiben („Ich kann das einfach nicht" oder „Ich bin zu blöd dafür"), Erfolge aber oft durch externalen Ursachen (z. B. Glück oder leichte Aufgabe) erklären. In diesem Motivationsmuster kann letztlich keine positive Selbstbewertung stattfinden bei gleichzeitig starker negativer Selbstbewertung, mit der auch die Hoffnung auf Erfolg in einem nächsten Versuch abnimmt. Überträgt man das auf die Informationen aus der neurowissenschaftlichen Forschung, dann senkt das die Wahrscheinlichkeit der Aktivierung des Belohnungs- und Motivationssystems stark, insofern die Option „besser als erwartet" (⇒ Hoffnung auf Erfolg) in diesem Muster letztlich gar nicht vorgesehen ist. Ein autoritativer Erziehungsstil, der letztlich – im Sinne der Selbstbestimmungstheorie – Involvement, Autonomieunterstützung und Kompetenzerleben in sich vereint, wirkt sich ebenfalls günstig auf die schulische Motivation aus, wohingegen der autoritäre (stark kontrollierendes Verhalten, keine kindliche Autonomie) und der permissive Erziehungsstil eher motivational ungünstig wirken. D. h., das Verhältnis zwischen Eltern und Kindern sollte durch eine offene Kommunikation geprägt sein, in der Kinder zum Beispiel auch in Entscheidungsfragen involviert werden, Rechte von Eltern und Kindern gleichermaßen berücksichtigt und Regeln bzw. Verhaltensstandards dem Kind erklärt und begründet werden. Diese Regeln sollten konsequent eingehalten werden, bei gleichzeitiger Unterstützung des Kindes in seiner Selbstständigkeit und Individualität. Wie bereits oben thematisiert (vgl. Kapitel 4.1) sind klare und konsequente elterliche Strukturen und Erwartungen sowohl in Hinblick auf die Fähigkeit des Kindes erfolgreich sein zu können als auch in Hinblick auf die Fähigkeit Misserfolg vermeiden zu können günstig. Wie im autoritativen Erziehungsstil verankert und dem Grundbedürfnis der sozialen Eingebundenheit im Rahmen der Selbstbestimmungstheorie entsprechend, wirkt sich generell (wie auch bei der Lehrer-Schüler-Beziehung bzw. bei der Schüler-Schüler-Beziehung) auch ein warmherziges und unterstützendes Verhalten bzw. eine enge Bindung im Umgang mit den Kindern positiv auf deren Motivation bzw. die Aktivierung des Belohnungs- und Motivationszentrums (insbesondere durch Oxytocin) im Gehirn aus.

Insgesamt kann man festhalten, dass die schulische Motivation begünstigt wird, wenn Schüler/-innen (Zuhause und in der Schule) positive soziale Beziehungen (mit ihren Eltern, Peers, Lehrkräften) in einer Atmosphäre der gegenseitigen Wertschätzung und Geborgenheit erfahren, wenn sie zudem in ihrer Individualität berücksichtigt und in ihrer Autonomie unterstützt werden, wenn Lerninhalte alle Sinnesebenen ansprechen (Neues entdeckt werden darf) und ein Bezug zur Lebenswelt der Kinder besteht (eine Frage aus eigenem Interesse aufgeworfen wird), was das Erleben von Kompetenz und das Sich-Verlieren in einer Aufgabe mit dem richtigen Anspruchsniveau (Flow-Erleben) erst ermöglicht. Dann bewahren wir den Schatz der frühen Kindheit, diese unbändige Freude Neues zu entdecken, intrinsisch motiviert zu sein, überschüttet von guten Gefühlen, die wir den Botenstoffen in unserem Gehirn verdanken, die eine optimale Verarbeitungstiefe und Auffassungsgabe für Neues erlauben. Mit anderen Worten, dann sind Kinder motiviert und lernen. Im Fokus einer gelungenen Schule steht folglich nicht die Frage, wie immer effizienter mehr Wissen an die Schüler/-innen vermittelt werden kann, sondern die Frage, wie wir bei Kindern die Lust am Lernen erhalten.

„Willst Du ein Schiff bauen, rufe nicht die Menschen
zusammen, um Pläne zu machen, die Arbeit zu verteilen,
Werkzeug zu holen und Holz zu schlagen, sondern lehre
sie die Sehnsucht nach dem großen, endlosen Meer."
(Saint-Exupery)

7. Literaturverzeichnis

Alderfer, C. P. (1969). An empirical test of a new theory of human needs. *Organizational Behavior & Human Performance, 4*, 142–175. doi: 10.1016/0030-5073(69)90004-X

Alderfer, C. P. (1972). *Existence, relatedness, and growth.* New York, NY: Free Press.

Alerby, E., & Hertting, K. (2007, November). *Reflections on the meaning of social relations between teachers and students.* Paper presented at the meeting of the Australian Association for Research in Education (AARE) 37th Annual International Education Research Conference, Fremantle, Australia.

Amabile, T. M., Hill, K. G., Hennessey, B. A., & Tighe, E. M. (1994). The Work Preference Inventory: Assessing intrinsic and extrinsic motivational orientations. *Journal of Personality and Social Psychology, 66*, 950–967. doi: 10.1037/0022-3514.66.5.950

Ames, C. (1984a). Competitive, cooperative, and individualistic goal structures: A cognitive motivational analysis. In R. Ames & C. Ames (Eds.), *Research on motivation in education: Student motivation* (Vol. 1, pp. 177–208). New York, NY: Academic Press.

Ames, C. (1984b). Achievement attributions and self-instructions in competitive and individualistic goal structures. *Journal of Educational Psychology, 76*, 478–487. doi: 10.1037/0022-0663.76.3.478

Ames, C. (1992). Classroom goals, structures, and student motivation. *Journal of Educational Psychology, 84*, 261–271. doi: 10.1037/00220663.84.3.261

Ames, C., & Ames P. (1984). System of student and teacher motivation towards a qualitative definition. *Journal of Educational Psychology, 76*(4), 535–556. doi: 10.1037/0022-0663.76.4.535

Anderman, E. M. & Young, A. J. (1994). Motivation and strategy use in science: Individual differences and classroom effects. *Journal of Research of Scientific Teaching, 31*, 811–831. doi: 10.1002/tea.3660310805

Arias-Carrión O., & Pöppel, E. (2007). Dopamine, learning and reward-seeking behavior. *Acta Neurobiologiae Experimentalis, 67*(4), 481–488.

Asendorpf, J., & Banse, R. (2000). *Psychologie der Beziehung.* Bern, Schweiz: Hans Huber.

Atkinson, J. W. (1957). Motivational determinants of risk-taking behavior. *Psychological Review, 64*, 359–372. doi: 10.1037/h0043445

Atkinson, J. W. (1958). *Motives in fantasy, action, and society.* Princeton, NJ: Van Nostrand.

Atkinson, J. W. (1964). *An introduction to motivation.* New York, NY: Van Nostrand.

Atkinson, J. W. (1974). Strength of motivation and efficiency of performance. In J. W. Atkinson & J. O. Raynor (Eds.), *Motivation and achievement* (pp. 193–218). Washington, DC: Winston.

Atkinson, J. W., & Litwin, G. H. (1960). Achievement motive and test anxiety as motive to approach success and motive to avoid failure. *Journal of Abnormal and Social Psychology, 60*, 52–63. doi: 10.1037/h0041119

Azmitia, M., Cooper, C. R., & Brown, J. R. (2009). Support and guidance from families, friends, and teachers in Latino early adolescents' math pathways. *The Journal of Early Adolescence, 29*, 142–169. doi: 10.1177/0272431608324476

Baker, J. A. (2006). Contributions of teacher–child relationships to positive school adjustment during elementary school. *Journal of School Psychology, 44*, 211–229. doi: 10.1016/j.jsp.2006.02.002

Bandura, A. (1982). Self-efficacy mechanism in human agency. *American Psychologist, 37*, 122–147. doi: 10.1037/0003-066X.37.2.122

Bandura, A. (1986). *Social foundations of thought and action: A social cognitive theory*. Englewood Cliffs, NJ: Prentice-Hall.

Bateman, T. (2009). *Individual differences in trait motivation: An exploration of the relative influence of motivational traits and goal orientation on goal setting processes.* Master Thesis, Virginia Polytechnic Institute and State University. Abgerufen (19.07.2017): www.scholar.lib.vt.edu/theses/.../etd.../BatemanETD.pdf

Batey, M., Booth, T., Furnham, A. F., & Lipman, H. (2011). The relationship between personality and motivation: Is there a general factor of motivation? *Individual Differences Research*, 9, 115–125.

Bauer, J. (2006). *Prinzip Menschlichkeit – Warum wir von Natur aus kooperieren.* Hamburg, Deutschland: Hoffmann und Campe.

Baumeister, R. F., & Leary, M. R. (1995). The need to belong: Desire for interpersonal attachments as a fundamental human motivation. *Psychological Bulletin, 117*, 497–529. doi: 10.1037/0033-2909.117.3.497

Baumrind, D. (1967). Child care practices anteceding three patterns of preschool behaviour. *Genetic Psychology Monograph, 75*, 43–88.

Becker, B. E., & Luthar, S. S. (2002). Social-emotional factors affecting achievement outcomes among disadvantaged students: Closing the achievement gap. *Educational Psychologist, 37*, 197–214. doi: 10.1207/S15326985EP3704_1

Becker, N. (2006). *Die neurowissenschaftliche Herausforderung der Pädagogik.* Bad Heilbrunn, Deutschland: Klinkhardt.

Bergmann, L. R. (2001). A person approach in research on adolescence: some methodological challenges. *Journal of Adolescence Research, 16*, 28–53. doi: 10.1177/0743558401161004

Bergman, L. R. (1998). A pattern-oriented approach to studying individual development: Snapshots and processes. In R. B. Cairns, L. R. Bergman, & J. Kagan (Eds.), *Methods and models for studying the individual* (pp. 83–122). Thousand Oaks, CA: Sage.

Bernardo, A. B. I., & Ismail, R. (2010). Social perceptions of achieving students and achievement goals of students in Malaysia and the Philippines. *Social Psychology of Education, 13*, 385–407. doi: 10.1007/s11218-010-9118-y

Berndt, T. J. (1999). Friends' influence on students' adjustment to school. *Educational Psychologist, 34*, 15–28. doi: 10.1207/s15326985ep3401_2

Besharat, M. A. (2003). Parental perfectionism and children's test anxiety. *Psychological Reports, 93*, 1049–1055. doi: 10.2466/ PR0.93.8.1049-1055

Birch, S. H., & Ladd, G. W. (1996). Interpersonal relationships in the school environment and children's early school adjustment: the role of teachers and peers. In J. Juvonen & K. Wentzel (Eds.), *Social Motivation – Understanding children's school adjustment* (pp. 199–225). Cambridge, NY: Cambridge University Press.

Birch, S. H., & Ladd, G. W. (1997). The teacher-child relationship and children's early school adjustment. *Journal of School Psychology, 35*, 61–79. doi: 10.1016/S0022-4405(96)00029-5

Birch, S. H., & Ladd, G. W. (1998). Children's interpersonal behaviors and the teacher-child relationship. *Developmental Psychology, 34*, 934–946. doi: 10.1037//0012-1649.34.5.934

Bogat, G. A. (2009). Is it necessary to discuss person-oriented research in community psychology? *American Journal of Community Psychology, 43*, 22–34.

Bokhorst, C. L., Sumter, S. R., & Westenberg, P. M. (2010). Social support from parents, friends, classmates, and teachers in children and adolescents aged 9 to 18 years: Who is perceived as most supportive? *Social Development, 19*, 417–426. doi: 10.1111/j.1467-9507.2009.00540.x

Bollen, K. A. (1989). *Structural equations with latent variables*. New York, NY: John Wiley & Sons.

Boon, H. J. (2007). Low- and high-achieving Australian secondary school students: Their parenting, motivations and academic achievement. *Australian Psychologist, 42*(3), 212–225. doi: 10.1080/00050060701405584

Bowlby, J. (1969). *Attachment and loss. Vol. 1: Attachment*. London, UK: Hogarth Press.

Bräu, K. (2007). Die Betreuung der Schüler im individualisierten Unterricht der Sekundarstufe. In K. Rabenstein, K. & S. Reh (Hrsg.), *Kooperatives und selbstständiges Arbeiten von Schülern* (S. 173–195). Wiesbaden, Deutschland: VS.

Brophy, J. E., & Good, T. L. (1976). *Die Lehrer-Schüler-Interaktion.* München, Deutschland: Urdan & Schwarzenberg.
Brandt, A. (2005). Förderung von Motivation und Interesse durch außerschulische Experimentierlabors. Göttingen, Deutschland: Cuvillier.
Brown, B. B. (1990). Peer groups and peer culture. In S. S. Feldman & G. R. Elliott (Eds.), *At the threshold: The developing adolescent* (pp. 171–196). Cambridge, MA: Harvard University Press.
Brown, B. B., & Theobald, W. (1999). How peers matter: A research synthesis of peer influences on adolescent pregnancy. In P. Bearman, H. Brückner, B. B. Brown, W. Theobald & S. Philliber (Eds.), *Peer potential: Making the most of how teens influence each other* (pp. 27–80). Washington, DC: National Campaign to Prevent Teen Pregnancy.
Brunstein, J., & Heckhausen, H. (2006). Leistungsmotivation. In J. Heckhausen & H. Heckhausen (Hrsg.), *Motivation und Handeln* (3. Aufl., pp. 143–191). Heidelberg, Deutschland: Springer.
Bünger, S., & Raufelder, D. (2015). Fungiert soziale Kompetenz als Prädiktor einer Motivationstypologie? *Empirische Pädagogik, 29*(2), 230–247.
Buff, A. (2001). Warum lernen Schülerinnen und Schüler? Eine explorative Studie zur Lernmotivation auf der Basis qualitativer Daten. *Zeitschrift für Entwicklungspsychologie und pädagogische Psychologie, 33*, 157–164. doi: 10.1026//0049-8637.33.3.157
Campbell, J. D., Trapnell, P. D., Heine, S. J., Katz, I. M., Lavallee, L. F., & Lehman, D. R. (1996). Self-concept clarity: Measurement, personality correlates, and cultural boundaries. *Journal of Personality and Social Psychology, 70*, 141–156. doi: 10.1037/0022-3514.70.1.141
Cantor N., & Harlow R. E. (1994). Personality, strategic behavior, and daily-life problem solving. *Current Directions in Psychological Science, 3*,169–172.
Cappella, E., Kim, H., Neal, J., & Jackson, D. (2013). Classroom peer relationships and behavioral engagement in elementary school: The role of social network equity. *American Journal of Community Psychology, 52*, 367–379. doi: 10.1007/s10464-013-9603-5
Carlson, N. R. (2004). *Physiologische Psychologie* (8. Auflage). München, Deutschland: Pearson Studium.
Cianci, R., & Gambrel, P. A. (2003). Maslow's hierarchy of needs: Does it apply in a collectivist culture. *Journal of Applied Management and Entrepreneurship, 8*, 143–161.
Chirkov, V. I., & Ryan, R. M. (2001). Parent and teacher autonomy-support in Russian and U.S. adolescents: Common effects on well-being and academic motivation, *Journal of Cross-Cultural Psychology, 32*, 618–635. doi: 10.1177/0022022101032005006

Cofer, C. N., & Appley, M. H. (1964). *Motivation: Theory and Research*. New York, NY: Wiley.
Coie, J. D. (1990). Toward a theory of peer rejection. In S. R. Asher (Ed.), *Peer rejection in childhood* (pp. 365–401). Cambridge, NY: Cambridge University Press.
Coie, J. D., Lochman, J. E., Terry, R., & Hyman, C. (1992). Predicting early adolescent disorder from childhood aggression and peer rejection. *Journal of Consulting and Clinical Psychology, 60,* 783–792. doi: 10.1037//0022-006X.60.5.783
Collins, L. K., & Lanza, S. T. (2010). *Latent class and latent transitional analysis: with applications in the social, behavioral, and health sciences.* Hoboken, NJ: Wiley & Sons.
Cook, T. D., Deng, Y., & Morgano, E. (2007). Friendship influences during early adolescence: The special role of friends' grade point average. *Journal of Research on Adolescence, 17,* 325–356. doi: 10.1111/j.1532-7795.2007.00525.x
Cools, R., Clark, L., Owen, A. M., & Robbins, T. W. (2002). Defining the neural mechanisms of probabilistic reversal learning using event-related functional magnetic resonance imaging. *Journal of Neuroscience, 22,* 4563–4567.
Covington, M. V. (1984). The motive for self-worth. In R. Ames & C. Ames (Eds.), Research on motivation in education: Student motivation (pp. 77–113). New York, NY: Academic Press.
Covington, M.V. (1992). *Making the grade: A self-worth perspective on motivation and school reform.* New York, NY: Cambridge University Press.
Covington, M. V. (1998). *The will to learn.* New York, NY: Cambridge University Press.
Covington, M. V. (2000). Goal theory, motivation and school achievement: An integrative review. *Annual Review of Psychology, 51,* 171–200. doi: 10.1146/annurev.psych.51.1.171
Covington, M. V., & Berry, R. G. (1976). *Self-Worth theory and school learning.* New York, NY: Holt, Rinehart & Winston.
Covington, M. V., & Omelich, C. L. (1979). Are causal attributions causal? A path analysis of the cognitive model of achievement motivation. *Journal of Personality and Social Psychology, 37,* 1487–1504. doi: 10.1037/0022-3514.37.9.1487
Covington, M.V., & Omelich, C.E. (1991). Need achievement revisited: Verification of Atkinson's original 2x2 model. In C. D. Spielberger, I.G. Sarason, Z. Kulesar & G.L. Heek (Eds.). *Stress and emotion: Anxiety, anger, curiosity* (Vol. 14, pp. 85–105). New York, NY: Hemisphere.
Covington, M. V., & Roberts, B. W. (1994). Self-worth and college achievement: Motivational and personality correlates. In P. R. Pintrich, D.

R. Brown, & C. E. Weinstein (Eds.), *Student Motivation, Cognition and Learning* (pp.157–188). Hillsdale, NJ: Erlbaum.
Croon, M. A. (1990). Latent class analysis with ordered latent classes. *British Journal of Mathematical and Statistical Psychology, 43*, 171–192. doi: 10.1111/j.2044-8317.1990.tb00934.x
Crosnoe, R., Cavanagh, S., & Elder, G. H. (2003). Adolescent friendships as academic resources: The intersection of friends, race, and school disadvantage. *Sociological Perspectives, 46*, 331–352. doi: 10.1525/sop.2003.46.3.331
Crosnoe, R., Johnson, M. K., & Elder, G. H. (2004). Intergenerational bonding in school: the behavioral and contextual correlates of student–teacher relationships. *Sociology of Education, 77*, 60–81. doi: 10.1177/003804070407700103
Crow, L. D., & Crow, A. (1973). *Educational Psychology*. New York, NY: Eurasia.
Csikszentmihalyi, M., & Larson, R. (1984). *Being adolescent: Conflict and growth in the teenage years.* New York, NY: Basic Books.
Dalbert, C., & Stöber, J. (2004). Forschung zur Schülerpersönlichkeit. In W. Helsper & J. Böhme (Hrsg.), *Handbuch der Schulforschung* (S. 881–902). Wiesbaden: VS.
Davidson, A. J., Gest, S. D., & Welsh, J. A. (2010). Relatedness with teachers and peers during early adolescence: An integrated variable-oriented and person-oriented approach. *Journal of School Psychology, 48*, 483–510. doi: 10.1016/j.jsp.2010.08.002
DeCharms, R. (1968). *Personal causation.* New York, NY: Academic Press.
Deci, E. L., & Ryan, R. M. (1985). *Intrinsic motivation and self-determination in human behavior*. New York, NY: Plenum.
Deci, E. L., & Ryan, R. M. (1991). A motivational approach to self: Integration in personality. In R. Dienstbier (Ed.), *Nebraska symposium on motivation: Vol. 38, Perspectives on motivation* (pp. 237–288). Lincoln, NE: University of Nebraska Press.
Deci, E. L., & Ryan, R. M. (1993). Die Selbstbestimmungstheorie der Motivation und ihre Bedeutung für die Pädagogik. Zeitschrift für Pädagogik, 39, 223–228.
Deci, E. L., & Ryan, R. M. (Eds.), (2000a). *Handbook of self-determination research.* Rochester, NY: University of Rochester Press.
Deci, E. L., & Ryan, R. M. (2000b). The "what" and "why" of goal pursuits: Human needs and the self-determination of behavior. *Psychological Inquiry, 11*, 227–268. doi: 10.1207/S15327965PLI1104_01
Deci, E. L., & Vansteenkiste, M. (2004). Self-determination theory and basic need satisfaction: Understanding human development in positive psychology. *Ricerche di Psichologia, 27*, 17–34.

Demuth, S. (2004). Understanding the delinquency and social relationships of loners. *Youth Society, 35,* 366–392. doi: 10.1177/0044118X03255027

DeRosier, M., Kupersmidt, J., & Patterson, C. (1994). Children's academic and behavioral adjustment as a function of the chronicity and proximity of peer rejection. *Child Development, 65,* 1799–1813. doi: 10.1111/j.1467-8624.1994.tb00850.x

Dörnyei, Z. (2001). *Teaching and researching: motivation.* London, England: Pearson Education Limited.

Dresel, M., Fasching, M. S., Steuer, G., Nitsche, S., & Dickhäuser, O. (2013). Relations between teachers' goal orientations, their instructional practices and students' motivation. *Psychology, 4,* 572–584. doi: org/10.4236/psych.2013.47083

Drumm, H.-J. (2005). *Personalwirtschaft* (4. Auflage). Berlin, Deutschland: Springer.

Dubow, E. F., Tisak, J., Causey, D., Hryshko, A., & Reid, G. (1991). A two-year longitudinal study of stressful life events, social support, and social problem-solving skills: Contributions to children's behavioral and academic adjustment. *Child Development, 62*, 583–599. doi: 10.1111/1467-8624.ep9109090183

Dusek, J. B., & Danko, M. (1994). Adolescent coping style and perceptions of parental child rearing. *Journal of Adolescent Research, 9*, 412–426. doi: 10.1177/074355489494002.

Dweck, C. (1986). Motivational processes affecting learning. *American Psychologist, 41*, 1040–1048. doi: 10.1037/0003-066x.41.10.1040

Dweck, C. S., & Leggett, E. L. (1988). A social-cognitive approach to motivation and personality. *Psychological Review, 95*, 256–273. doi: 10.1037/0033-295X.95.2.256

Eccles, J. S. (1994). Understanding women's educational and occupational choices: Applying the Eccles et al. model of achievement-related choices. *Psychology of Women Quarterly, 18*, 585–609. doi: 10.1111/j.1471-6402.1994.tb01049.x

Eccles, J. S. (2007). Families, schools, and developing achievement-related motivation and engagement. In J. E. Grusec, & P. D. Hastings (Eds.), *Handbook of socialization: Theory and research* (pp. 665–691). New York, NY: Guilford.

Eccles, J. S., Adler, T. F., Futterman, R., Goff, S. B., Kaczala, C. M., Meece, J. L., & Midgley, C. (1983). Expectancies, values, and academic behaviors. In J. T. Spence (Ed.), *Achievement and achievement motivation* (pp. 75–146). San Francisco, CA: W. H. Freeman.

Eccles, J. S., Midgley, C., & Adler, T. F. (1984). Grade-related changes in the school environment: Effects on achievement motivation. In J. G.

Nicholls (Ed.), *The development of achievement motivation* (pp. 282–331). Greenwich, CT: JAI Press.
Eccles, J. S., & Midgley, C. (1990). Changes in academic motivation and self-perceptions during early adolescence. In R. Montemayor, G.R. Adams, & T.P. Gullotta (Eds), *Advances in adolescent development: From childhood to adolescence* (pp. 134–155). Newbury Park, CA: Sage.
Eccles, J. S., Wigfield, A., Harold, R., & Blumenfeld, P. B. (1993). Age and gender differences in children's self- and task perceptions during elementary school. *Child Development, 64*, 830–847. doi: 10.1111/j.1467-8624.1993.tb02946.x
Eccles, J. S., Wigfield, A., & Schiefele, A. (1998). Motivation to succeed. In W. Damon & N. Eisenberg (Eds.), *Handbook of child psychology* (pp. 1017–1095). New York, NY: Wiley & Sons.
Eccles, J. S., & Wigfield, A. (2002). Motivational beliefs, values, and goals. *Annual Review of Psychology, 53*, 109–132. doi: 10.1146/annurev.psych.53.100901.135153
Elashoff, J. D., & Snow, R. E. (1971). *Pygmalion reconsidered: A case study in statistical inference: Reconsideration of the Rosenthal-Jacobson data on teacher expectancy.* Worthington, OH: Charles A. Jones.
Elliot, A. J. (1997). Integrating the "classic" and the "contemporary" approaches to achievement motivation: A hierarchical model of approach and avoidance achievement motivation. In M. L. Maehr, & P. R. Pintrich (Eds.), *Advances in motivation and achievement* (Vol. 10, pp. 143–179). Greenwich, CT: JAP Press.
Elliot, A. J., & Harackiewicz, J. M. (1996). Approach and avoidance achievement goals and intrinsic motivation: A mediational analysis. *Journal of Personality and Social Psychology, 70*, 461–475. doi: 10.1037/0022-3514.70.3.461
Elliott, J. J., & Tudge, J. R. H. (2012). Multiple contexts, motivation, and student engagement in the USA and Russia. *European Journal of Psychology of Education, 27*, 161–175. doi: 10.1007/s10212-011-0080-7
Englund, M. M., Luckner, A. E., Whaley, G. L., & Egeland, B. (2004). Children's achievement in early elementary school: Longitudinal effects of parental involvement, expectations, and quality of assistance. *Journal of Educational Psychology, 96*(4), 723–730. doi: 10.1037/0022-0663.96.4.723
Englund, M. M., Egeland, B., & Collings, W. A. (2008). Exceptions to high school dropout predictions in a low-income sample: Do adults make a difference. *Journal of Social Issues, 64*, 77–93. doi: 10.1111/j.1540-4560.2008.00549.x

Estell, D. B., & Perdue, N. H. (2013). Social support and behavioral and affective school engagement: the effects of peers, parents, and teachers. *Psychology in the Schools, 50*(4), 325–339. doi: 10.1002/pits.21681

Feather, N. T. (1961). The relationship of persistence at a task to expectations of success and achievement-related motives. *Journal of Abnormal and Social Psychology, 63*, 552–561. doi: 10.1037/h0045671

Feather, N. T. (1962). The study of persistence. *Psychological Bulletin, 59*, 94–115. doi: 10.1037/h0042645

Feather, N. T. (1963). The relationship of expectation of success to reported probability, task structure, and achievement related motivation. *Journal of Abnormal and Social Psychology, 66*, 231–238. doi: 10.1037/h0042753

Fend, H. (1998). *Eltern und Freunde: Soziale Entwicklung im Jugendalter.* Bern, Schweiz: Huber.

Feyerabend, P. (1975). *Against method.* London, UK: Wiley.

Fraser, B. J., & Fisher, D. L. (1982). Predicting students' outcomes from their perceptions of classroom psycho-social environment. *American Educational Research Journal, 19*, 498–518. doi: 10.3102/00028312019004498

Fredricks, J. A., Blumenfeld, P. C., & Paris, A. H. (2004). School engagement: potential of the concept, state of the evidence. *Review of Educational Research, 74*, 59–109. doi: 10.3102/00346543074001059

Freud, S. (1930). *Civilization and its discontents.* New York, NY: Jonathon Cape and Co.

Furck, C. L. (1975). *Das pädagogische Problem der Leistung in der Schule* (5. Auflage). Weinheim, Deutschland: Beltz.

Furrer, C., & Skinner, E. (2003). Sense of relatedness as a factor in children's academic engagement and performance. *Journal of Educational Psychology, 95*, 148–162. doi: 10.1037/0022-0663.95.1.148

Fuß, S. (2006). *Familie, Emotionen und Schulleistung.* Münster, Deutschland: Waxmann.

Gest, S. D., Welsh J. A., & Domitrovich, C. E. (2005). Behavioral predictors of changes in social relatedness and liking school in elementary school. *Journal of School Psychology, 43*, 281–301. doi: 10.1016/j.jsp.2005.06.002

Ginsburg, G. S., & Bronstein, P. (1993). Family factors related to children's intrinsic/extrinsic motivational orientation and academic performance. *Child Development, 64*, 1461–1474. doi: 10.1111/j.1467-8624.1993.tb02964.x

Glogger, I., Schwonke, R., Holzäpfel, L., Nückles, M., & Renkl, A. (2012). Learning strategies assessed by journal writing: Prediction of learning outcomes by quantity, quality, and combinations of learning strategies. *Journal of Educational Psychology, 104*, 452–468. doi: 10.1037/a0026683

Goble, F. (1970). *The third force: The psychology of Abraham Maslow.* Richmond, CA: Maurice Bassett Publishing.

Gollwitzer, P. M., & Oettingen, G. (2001). Psychology of motivation and actions. In N. J. Smelser & P. B. Baltes (Eds.), *International encyclopedia of the social and behavioral sciences* (pp. 10105–10109). Amsterdam, Netherlands: Elsevier.

Gonzalez, A. L., & Wolters, C. A. (2006). The relation between perceived parenting practices and achievement motivation in mathematics. *Journal of Research in Childhood Education, 21*, 203–217. doi: 10.1080/02568540609594589

Goodenow, C. (1993). Classroom belonging among early adolescent students: Relationships to motivation and achievement. *The Journal of Early Adolescence, 13*, 21–43. doi: 10.1177/0272431693013001002

Gottfried, E. (1981). *Grade, sex, and race differences in academic intrinsic motivation.* Paper presented at the Annual Meeting of the American Educational Research Association, Los Angeles.

Gottfried, A. E., Fleming, J. S., & Gottfried, A. W. (2001). Continuity of academic intrinsic motivation from childhood through late adolescence: A longitudinal study. *Journal of Educational Psychology, 93,* 3–13. doi: 10.1037/0022-0663.93.1.3

Grell, J. (2001). Schülerzentrierter Unterricht. In. J. Grell (Hrsg.), *Techniken des Lehrerverhaltens* (pp. 75–92) (2. Auflage). Weinheim, Deutschland: Beltz.

Grolnick, W. S., & Ryan, R. M. (1989). Parent styles associated with children's self-regulation and competence in school. *Journal of Educational Psychology, 81*, 143–154. doi: 10.1037/0022-0663.81.2.143

Grolnick, W. S., Friendly, R. W., & Bellas, V. M. (2009). Parenting and children's motivation at school. In K. R. Wenzel & A. Wigfield (Eds.), *Handbook of motivation at school* (pp. 279–300). New York, NY: Routledge.

Gurland, S. T., & Grolnick, W. S. (2005). Perceived threat, controlling parenting, and children's achievement orientations. *Motivation and Emotion, 29,* 103–121. doi: 10.1007/s11031-005-7956-2

Gutman, L. M. (2006). How student and parent goal orientations and classroom goal structures influence the math achievement of African Americans during the high school transition. *Contemporary Educational Psychology, 31*, 44–63. doi: 10.1016/j.cedpsych.2005.01.004

Hackman, J. R., & Oldham, G. R. (1976). Motivation through the design of work: Test of a theory. *Organizational Behavior and Human Performance, 16*, 250–279. doi: 10.1016/0030-5073(76)90016-7

Hampson, S. E., & Colman, A. M. (Eds.) (1995). *Individual differences and personality*. London, UK: Longman.

Hamre, B. K., & Pianta, R. C. (2006). Student-teacher relationships as a source of support and risk in schools. In G. G. Bear & K. M. Minke (Eds.), *Children's Needs III: Development, prevention, and intervention* (pp. 59–71). Bethesda, ML: National Association of School Psychologists.

Hannover, B., & Kessels, U. (2002). Challenge the science-stereotype! Der Einfluss von Technik-Freizeitkursen auf das Naturwissenschaften-Stereotyp von Schülerinnen und Schülern. *Zeitschrift für Pädagogik – Beiheft, 45*, 341–358.

Harackiewicz, J. M., Barron, K. E., Pintrich, P. R., Elliot, A. J., & Trash, T. M. (2002). Revision of achievement goal theory: Necessary and illuminating. *Journal of Educational Psychology, 94*(3), 638–645. doi: 10.1037/0022-0663.94.3.638

Harackiewicz, J. M., & Elliot, A. J. (1993). Achievement goals and intrinsic motivation. *Journal of Personality and Social Psychology, 65*, 904–915. doi: 10.1037/0022-3514.65.5.904.

Harkness, S., Blom, M., Oliva, A., Moscardino, U., Zylicz, P. O., Rios Bermudez, M., Feng, X., Axia, G., & Super, C. M. (2007). Teachers' ethnotheories of the »ideal student« in five Western cultures. *Comparative Education, 43*(1), 113–135.

Harter, S. (1981). A new self-report scale of intrinsic versus extrinsic orientation in the classroom: Motivated and informational components. *Developmental Psychology, 17*, 300–312. doi: 10.1037/0012-1649.17.3.300

Harter, S. (1996). Teacher and classmate influences on scholastic motivation, self-esteem, and level of voice in adolescents. In J. Juvonen & K. Wentzel (Eds.), *Social Motivation – Understanding children's school adjustment* (pp. 11–42). Cambridge, NY: Cambridge University Press.

Hascher, T. (2004). *Schule positiv erleben. Erkenntnisse und Ergebnisse zum Wohlbefinden von Schülerinnen und Schülern.* Bern, Schweiz: Haupt.

Hascher, T., & Hagenauer, G. (2011). Schulisches Wohlbefinden im Jugendalter – Verläufe und Einflussfaktoren. In A. Ittel, H. Merkens, & L. Stecher (Eds.), *Jahrbuch Jugendforschung* (pp. 15–45). Wiesbaden, Deutschland: VS Verlag für Sozialwissenschaften.

Hattie, J. (2013). *Lernen sichtbar machen.* Hohengehren, Deutschland: Schneider.

Hattie, J., & Timperley, H. (2007). The power of feedback. *Review of Educational Research, 77*(1), 81–112. doi: 10.3102/003465430298487

Havránek, T., & Lienert, G. A. (1984). Local and regional versus global contingency testing. *Biometrical Journal, 26*, 483–494. doi: 10.1002/bimj

Hawkins, J. A., & Berndt, T. J. (1985, April). *Adjustment following the transition to junior high school.* Paper presented at the biennial meeting of the Society for Research in Child Development, Toronto.

Heckhausen, H. (1963). *Hoffnung und Furcht in der Leistungsmotivation.* Meisenheim, Deutschland: Hain.

Heckhausen, H. (1965). Leistungsmotivation. In K. Gottschaldt, Ph. Lersch, F. Sander, & H. Thomae (Hrsg.), *Handbuch der Psychologie in* 12 *Bänden. Band* 2: *Allgemeine Psychologie, II Motivation (Hrsg. H. Thomae)* (S. 602–702). Göttingen, Deutschland: Hogrefe.

Heckhausen, H. (1972). Interaktion der Sozialvariablen in der Genese der Leistungsmotivation. In C. F. Graumann (Hrsg.), *Handbuch der Psychologie* (Bd. 7: Sozialpsychologie). Göttingen, Deutschland: Hogrefe.

Heckhausen, H. (1974). *Leistung und Chancengleichheit.* Göttingen, Deutschland: Hogrefe.

Heckhausen, H. (1975). Fear of failure as a self-reinforcing motive system. In I. G. Sarason & C. Spielberger (Eds.), Stress and anxiety (Volume 01. II., pp. 117–128). Washington, DC: Hemisphere.

Heckhausen, H. (1980/1989). *Motivation und Handeln.* Berlin, Deutschland: Springer.

Heckhausen, J. (1999). *Developmental regulation in adulthood: Age-normative and sociostructural constraints as adaptive challenges.* New York, NJ: Cambridge University Press.

Heckhausen, H., & Roelofsen, I. (1962). Anfänge und Entwicklung der Leistungsmotivation. (I) Im Wetteifer des Kleinkindes. *Psychologische Forschung, 26,* 313–397.

Heckhausen, H., & Wagner, I. (1965). Anfänge der Entwicklung der Leistungsmotivation. (II.) In der Zielsetzung des Kleinkindes. Zur Genese des Anspruchsniveaus. *Psychologische Forschung, 28,* 179–245.

Heckhausen, H., & Oswald, A. (1969). Erziehungsverhalten der Mutter und Leistungsverhalten des normalen und des gliedmaßengeschädigten Kindes. *Archiv für die gesamte Psychologie, 121,* 1–30.

Heckhausen, J., & Schulz, R. (1995). A life-span theory of control. *Psychological Review, 102,* 284–304. doi: 10.1037/0033-295X.102.2.284

Heckhausen, J., Wrosch, C. & Schulz, R. (2010). A motivational theory of life-span development. *Psychological Review, 117,* 32–60. doi: 10.1037/a0017668

Heckhausen, J., & Heckhausen, H. (2011). *Motivation und Handeln.* Berlin, Deutschland: Springer.

Hellrung, M. (2011). *Lehrerhandeln im individualisierten Unterricht. Entwicklungsaufgaben und ihre Bewältigung.* Opladen, Deutschland: Budrich.

Helmke, A., & Väth-Szusdziara, R. (1980). Familienklima, Leistungsangst und Selbstakzeptierung. In H. Lukesch, M. Perrez & K. A. Schneewind (Hrsg.), *Familiäre Sozialisation und Intervention* (S. 199–219). Bern, Schweiz: Huber.

Herzberg, F. (1968). One more time: how do you motivate employees? *Harvard Business Review, 46*(1), 53–62.

Herzberg, F., Mausner, B., & Snyderman, B. (1959). *The motivation to work.* New York, NY: Wiley & Sons.

Hock, M. (1992). Exchange of aversive communicative acts between mother and child as related to perceived child-rearing practices and anxiety of the child. In K. Hagtvet & T. Johnsen (Eds.), *Advances in test anxiety research* (Vol. 7, pp. 156–174). Amsterdam, Die Niederlande: Swets & Zeitlinger.

Hodapp, V., & Mißler, B. (1996). Determinanten der Wahl von Mathematik als Leistungs- bzw. Grundkurs in der 11. Jahrgangsstufe. In R. Schumann-Hengsteler & H. M. Trautner (Hrsg.), *Entwicklung im Jugendalter* (S. 143–164). Göttingen, Deutschland: Hogrefe.

Hodis, F. A., Meyer, L. H., McClure, J., Weir, K. F., & Walkey, F. H. (2011). A longitudinal investigation of motivation and secondary school achievement using growing mixture modeling. *Journal of Educational Psychology, 103,* 312–323. doi: 10.1037/a0022547

Hoijtink, H. (2001). Confirmatory latent class analysis: Model selection using Bayes factors and (pseudo) likelihood ratio statistics. *Multivariate Behavioral Statistics, 36*, 563–588. doi: 10.1207/S15327906MBR3604_04

Hoferichter, F., Bakadorova, O., Raufelder D., & Francisco, M. (2018). A comparison of Russian and Philippine secondary school students on their socio-motivational relationships in school – a motivation typology. International Journal of School & Educational Psychology (accepted for publication) doi: 10.1080/21683603.2018.1446373

Hoferichter, F., & Raufelder, D. (2014). Ein Modell inter-individueller Unterschiede sozio-motivationaler Beziehungen von Sekundarschülern mit ihren Peers und Lehrern. *Schulpädagogik heute, 5*(9).

Hoferichter, F., Raufelder, D., Eid, M., & Bukowski, W. M. (2014). Knowledge transfer or social competence? – A comparison of German and Canadian adolescent students on their socio-motivational relationships in school. *School Psychology International, 35*(6), 627–648. doi: 10.1177/0143034314552345

Hofstede, G. (1984). The cultural relativity of the quality of life concept. *Academy of Management Review, 9*, 389–398. doi: 10.2307/258280

Hollerman, J. R., & Schultz, W. (1998). Dopamine neurons report an error in the temporal prediction of reward during learning. *Nature Neuroscience, 1*(4), 304–309. doi: 10.1038/1124

Holloway, S. D., Mirny, A. I., & Bempechat, J. (2008). Schooling, peer relations, and family life of Russian adolescents. *Journal of Adolescent Research, 23*, 488–507 doi: 10.1177/0743558407311938

Holodynski, M. (1992). *Leistungstätigkeit und soziale Interaktion: Ein tätigkeitstheoretisches Modell zur Entstehung der Leistungsmotivation.* Forschung. Heidelberg, Deutschland: Asanger.

Holodynski, M. (2006). Die Entwicklung der Leistungsmotivation im Vorschulalter. Soziale Bewertungen und ihre Auswirkungen auf Stolz-, Scham- und Ausdauerreaktionen. *Zeitschrift für Entwicklungspsychologie und Pädagogische Psychologie, 38*, 2–17.

Holodynski, M., & Oerter, R. (2008). Tätigkeitsregulation und die Entwicklung von Motivation, Emotion, Volition. In R. Oerter (Hrsg.), *Entwicklungspsychologie* (6. vollst. überarb. Aufl.) (S. 535–570). Weinheim, Deutschland: Beltz, PVU.

Hüther, G. (2006). *Bedienungsanleitung für ein menschliches Gehirn.* Göttingen, Deutschland: Vandenhoeck & Ruprecht.

Hughes, J. N. (2012). Teacher–student relationships and school adjustment: progress and remaining challenges. *Attachment & Human Development, 14*, 319–327. doi: 10.1080/14616734.2012.672288

Huitt, W. (2001). *Motivation to learn: An overview. Educational Psychology Interactive.* Valdosta, GA: Valdosta State University.

Hull, C. L. (1943). *Principles of Behavior.* New York, NY: Appleton-Century.

Hurrelmann, K. (2002). *Einführung in die Sozialisationstheorie.* Weinheim, Deutschland: Beltz.

Hymel, S., Comfort, C., Schonert-Reichl, K., & McDougall, P. (1996). Academic failure and school dropout: The influence of peers. In K. Wentzel & J. Juvonen (Eds.), *Social motivation: Understanding children's school adjustment (pp. 313–345).* Cambridge, NY: Cambridge University Press.

Ittel, A., & Raufelder, D. (2008). *Lehrer und Schüler als Bildungspartner. Ansätze zwischen Tradition und Moderne*. Göttingen, Deutschland: Vandenhoeck & Ruprecht.

Jacobs, J., & Eccles, J. S. (1992). The impact of mother's gender-role stereotypic beliefs on mother's and children's ability perceptions. *Journal of Personality and Social Psychology, 63*, 932–944. doi: 10.1037/a0024047

Jacobs, J. E., Lanza, S., Osgood, D. W., Eccles, J. S., & Wigfield, A. (2002). Changes in children's self-competence and values: Gender and domain differences across grades one through twelve. *Child Development, 73*, 509–527. doi: 10.1111/1467-8624.00421

Jagenow, D., Raufelder, D., & Eid, M. (zur Überprüfung eingereicht). A longitudinal analysis of positive and negative peer and teacher effects on adolescents' motivation.

Jagenow, D., Raufelder, D., & Eid, M. (2015). The development of socio-motivational dependency from early to middle adolescence. *Frontiers in Psychology, 6*, 194. doi: 10.3389/fpsyg.2015.00194

Jang, H., Reeve, J., Ryan, R. M., & Kim, A. (2009). Can self-determination theory explain what underlies the productive, satisfying learning experiences of collectivistically-oriented Korean students? *Journal of Educational Psychology, 101,* 644–661. doi: 10.1037/a0014241

Jennings, P. A., & Greenberg, M. T. (2009). The prosocial classroom: Teacher social and emotional competence in relation to student and classroom outcomes. *Review of Educational Research, 79,* 491–525. doi: 10.3102/0034654308325693

Jensen, E. (1998). *Teaching with the brain in the mind.* Alexandria, VA: Association for Supervision and Curriculum Development.

Jopt, U.-J. (1974). *Extrinsische Motivation und Leistungsverhalten.* Unveröffentlichte Dissertation. RUB, Fakultät für Philosophie, Pädagogik, Psychologie.

Judge., T. A., & Hies, R. (2002). Relationship of personality to performance motivation: A meta-analytic review. *Journal of Applied Psychology,* 57, 797–807.

Jussin, L., & Eccles, J. S. (1992). Teacher expectations II: Construction and reflection of student achievement. *Journal of Personality and Social Psychology, 63* (3), 947–961. doi: 10.1037/0022-3514.63.6.947

Juvonen, J., & Wentzel, K. (1996). *Social motivation: Understanding children's school adjustment.* Cambridge, NY: Cambridge University Press.

Kanfer, R., & Heggestad, E.D. (1997). Motivational traits and skills: A person-centered approach to work motivation. *Research in Organizational Behavior, 19,* 1–56.

Katz, I., & Assor, A. (2007). When choice motivates and when it does not. *Educational Psychology Review, 19,* 429–442. doi: 10.1007/s10648-006-9027-y

Kenny, R., Dooley, B., & Fitzgerald, A. (2013). Interpersonal relationships and emotional distress in adolescence. *Journal of Adolescence, 36,* 351–360. doi: 10.1016/j.adolescence.2012.12.005

Kenrick, D. T., Griskevicius, V., Neuberg, S. L., & Schaller, M. (2010). Renovating the pyramid of needs: Contemporary extensions built upon ancient foundations. *Perspectives on Psychological Science, 5,* 292–314. doi: 10.1177/1745691610369469

Kindermann, T.A. (1993). Natural peer groups as contexts for individual development: The case of children's motivation in school. *Developmental Psychology, 29,* 970–977. doi: 10.1037/0012-1649.29.6.970

Kindermann, T. A., & McCollman, T. L. (1996). Peer group influences on children's developing school motivation. In K. R. Wentzel & J. Juvonen (Eds.), *Social motivation: Understanding children's school adjustment* (pp. 279–312). Newbury Park, CA: Sage.

Kleinginna, P. Jr., & Kleinginna A. (1981). A categorized list of motivation definitions, with suggestions for a consensual definition. *Motivation and Emotion, 5*, 263–291.

Kochhar, S. K. (1985). *Methods & Techniques of Teaching*. New Delhi, India: Sterling Publishers Private Limited.

Köller, O., Daniels, Z., Schnabel, K. U., & Baumert, J. (2000). Kurswahlen von Mädchen und Jungen im Fach Mathematik: Zur Rolle von fachspezifischem Selbstkonzept und Interesse. *Zeitschrift für Pädagogische Psychologie, 14*, 26–37.

Köller, O., Schnabel, K. U., & Baumert, J. (2000). Der Einfluss der Leistungsstärke von Schulen auf das fachspezifische Selbstkonzept der Begabung und das Interesse. *Zeitschrift für Entwicklungspsychologie und Pädagogische Psychologie, 32*, 70–80.

Krapp, A. (2005). Basic needs and the development of interest and intrinsic motivational orientations. *Learning and Instruction, 15*(5), 381–395. doi: 10.1016/j.learninstruc.2005.07.007

Krapp, A., & Hascher, T. (2014). Theorien der Lern- und Leistungsmotivation. In L. Ahnert (Hrsg.), *Theorien in der Entwicklungspsychologie* (S. 252–281). Heidelberg, Deutschland: Springer.

Krug, S., Hage, A., & Hieber, S. (1978). Anstrengungsvariation in Abhängigkeit von der Aufgabenschwierigkeit, dem Konzept eigener Tüchtigkeit und dem Erfolgsmotiv. *Archiv für Psychologie, 130*, 265–278.

Kuo, Z. Y. (1921). Giving up instincts in psychology. *Journal of Philosophy, 18*, 645–664. doi: 10.2307/2939656

Ladd, G. W., & Kochenderfer, B. J. (1996). Friendship quality as a predictor of young children's early school adjustment. *Child Development, 67*, 1103–1118. doi: 10.1111/1467-8624.ep9704150186

Ladd, G. W., Kochenderfer, B. J., & Coleman, C. C. (1997). Classroom peer acceptance, friendship, and victimization: Distinct relational systems that contribute uniquely to children's school adjustment. *Child Development, 68*, 1181–1197. doi: 10.2307/1132300

Ladd, G. W., Herald-Brown, S. L., & Kochel, K. P. (2009). Peers and motivation. In K. R. Wentzel & A. Wigfield (Eds.), *Handbook of motivation at school* (1st ed., pp. 323–348). New York, NY: Routledge.

Langens, T. A., & Schüler, J. (2006). Die Messung des Leistungsmotivs mittels des Thematischen Auffassungstest. In J. Stiensmeier-Pelster & F. Rheinberg (Eds.), *Diagnostik von Motivation und Selbstkonzept* (pp. 89–104). Göttingen, Deutschland: Hogrefe.

Levitt, M. J. (2005). Social relations in childhood and adolescence: The convoy model perspective. *Human Development, 48*, 28–47. doi: 10.1159/000083214

Lewin, K. (1926). Untersuchungen zur Handlungs- und Affektpsychologie. *Psychologische Forschung, 7*, 294–358.
Linder, S. (2007). *Investitionskontrolle: Grundzüge einer verhaltensorientierten Theorie*. Berlin, Deutschland: Spinger.
Locke, E. A., & Latham, G. P. (1990). *A theory of goal setting and task performance.* Englewood Cliffs, NJ: Prentice-Hall.
Lopes, J., & Santos, M. (2012). Teachers' beliefs, teachers' goals and teachers' classroom management: A study with primary teachers. *Revista de Psicodidactica, 18*(1). doi: 10.1387/RevPsicodidact.4615
Maclellan, E. (2008). The significance of motivation in student-centred learning: A reflective case study. *Teaching in Higher Education, 13*(4), 411–421. doi: 10.1080/13562510802169681
Magnusson, D. (2003). The person approach: Concepts, measurement models, and research strategy. In S. C. Peck, & R. W. Roeser (Eds.), *New directions for Child and Adolescent development. Person-centered approaches to studying development in context* (No. 101, pp. 3–23). San Francisco, CA: Jossey-Bass.
Mahone, C. H. (1960). Fear of failure and unrealistic vocational aspiration. *Journal of Abnormal and Social Psychology, 60*, 253–261. doi: 10.1037/h0047588
Malmberg, L-E., & Little, T. D. (2007). Profiles of ability, effort, and difficulty: Relationships with worldviews, motivation and adjustment. *Learning and Instruction, 17*, 739–754. doi: 10.1016/j.learninstruc.2007.09.014
Martin, A. J., & Dowson, M. (2009). Interpersonal relationships, motivation, engagement, and achievement: Yields for theory, current issues, and educational practice. *Review of Educational Research, 79*(1), 327–365. doi: 10.3102/0034654308325583
Maslow, A. H. (1943). Preface to motivation theory. *Psychosomatic Medicine*, 585–592.
Maslow, A. H. (1954). *Motivation and personality*. New York, NY: Harper & Row.
Matos, L., Lens, W., & Vansteenkiste, M. (2007). Achievement goals, learning strategies and language achievement among Peruvian high school students. *Psychologica Belgica, 47*, 51–70. doi: 10.5334/pb-47-1-51
Mattanah, J. F. (2001). Parental psychological autonomy and children's academic competence and behavioral adjustment in late childhood: more than just limit-setting and warmth. *Merrill-Palmer Quarterly, 47*, 355–376. doi: 10.1353/mpq.2001.0017
Matthews, G., Deary, I. J., & Whiteman, M. C. (2003). *Personality Traits (2nd Ed.).* Cambridge, UK: Cambridge University Press.
McClelland, D. C., Atkinson, J. W., Clark, R. W., & Lowell, E. L. (1953). *The achievement motive*. New York, NY: Appleton-Century-Crofts.

McClelland, D. C. (1955). *Studies in Motivation.* New York, NY: Appleton-Century.
McClelland, D. C. (1961). *The Achieving Society.* Princeton, NJ: Van Nostrand.
McClelland, D. C. (1975). *Power: The inner experience.* New York, NY: Irvington.
McClelland, D. C. (1978). Managing motivation to expand human freedom. *American Psychologist, 33*, 201–210. doi: 10.1037/0003-066X.33.3.201
McClelland, D. C. (1987). Characteristics of successful entrepreneurs. *Journal of Creative Behavior, 21*, 219–233. doi: 10.1002/j.2162-6057.1987.tb00479.x
McCown, W., & Johnson J. (1991). Personality and chronic procrastination by university students during an academic examination period. *Personality and Individual Differences, 12*, 413–415. doi: 10.1016/0191-8869(91)90058-J
McDougall, W. (1908). *An introduction to social psychology.* London, UK: Methuen & Co.
McDougall, W. (1923). *Outline of Psychology*. Boston, MA: Scribner's.
McDougall, W. (1932). *Energies of men. A study of the fundamental dynamics of psychology.* London, UK: Methuen & Co.
McInerney, D. M & McInerney, V. (2006). *Educational Psychology: Constructing learning.* Sydney, Australien: Pearson.
Meece, J. L., Glienke, B. B., & Askew, K. (2009). Gender and motivation. In K. Wentzel & A. Wigfield (Eds.), *Handbook of motivation at school* (pp. 411–432). New York, NY: Routledge, Taylor & Francis.
Meyer, W.-U. (1973). *Leistungsmotiv und Ursachenerklärung von Erfolg und Mißerfolg.* Stuttgart, Deutschland: Klett.
Midgley, C., Feldlaufer, H., & Eccles, J. S. (1988). The transition to junior high school: Beliefs of pre- and post-transition teachers. *Journal of Youth and Adolescence, 17*, 543–556. doi: 10.1007/BF01537831
Mietzel, G. (2007). *Pädagogische Psychologie des Lernens und Lehrens.* Göttingen, Deutschland: Hogrefe.
Ming-tak, H. (2008). Promoting positive peer relationships. In H. Ming-tak & L. Wai-shing (Eds.), *Classroom Management* (pp.129–148). Hong Kong, China: Hong Kong University Press.
Miron, D., & McClelland, D. C. (1979). The impact of achievement motivation training on small business performance. *California Management Review, 21*(4), 13–18.
Mogenson, G. J., Jones, D. L., & Yim, C. Y. (1980). From motivation to action: functional interface between the limbic system and the motor system. *Progress in Neurobiology, 14*, 69–97. doi: 10.1016/0301-0082(80)90018-0
Molenaar, P. C. M. (2004). A manifesto on Psychology as idiographic science: Bringing the person back into scientific psychology—This time forever.

Measurement: Interdisciplinary Research and Perspectives, 2, 201–218. doi: 10-1207/s15366359mea0204_1

Molenaar, P. C. M., & Campbell, C. G. (2009). The new person-specific paradigm in psychology. *Current Directions in Psychological Science, 18*, 112–117. doi: 10.1111/j.1467–8721.2009.01619.x

Montague, P. R. (2007). *Your brain is (almost) perfect: How we make decisions.* London, UK: Penguin.

Montague, P. R., Dayan, P., & Sejnowski, T. J. (1996). A framework for mesencephalic dopamine systems based on predictive Hebbian learning. *The Journal of Neuroscience, 16*(5), 1936–1947.

Montague, P. R., Hyman, S. E., & Cohen, J. D. (2004). Computational roles for dopamine in behavioural control. *Nature, 431*, 760–767. doi: 10.1038/nature03015

Moulton, R. W. (1965). Effects of success and failures on level of aspiration as related to achievement motives. *Journal of Personality and Social Psychology, 1*, 399–406. doi: 10.1037/h0021749

Mouratidis, A. A., Vansteenkiste, M., Sideridis, G., & Lens, W. (2011). Vitality and interest-enjoyment as a function of class-to-class variation in need-supportive teaching and pupils' autonomous motivation. *Journal of Educational Psychology, 3,* 353–366. doi: 10.1037/a0022773

Murdock, T., & Anderman, E. M. (2006). Motivational perspectives on student cheating: Towards an integrated model of academic dishonesty. *Educational Psychologist, 41*(3), 129–145. doi: *10.1207/* s15326985ep4103_1

Murray, H. A. (1937). Facts which support the concept of need or drive, *Journal of Psychology, 3*, 27–42.

Murray, H.A. (1938). *Explorations in personality*. New York, NY: Oxford University Press.

Murray, C. (2009). Parent and teacher relationships as predictors of school engagement and functioning among low-income urban youth. *The Journal of Early Adolescence, 29*, 376–404. doi: 10.1177/0272431608322940

Muthén, B. O., & Muthén, L. K. (2000). Integrating person-centered and variable-centered analyses: Growth mixture modeling with latent trajectory classes. *Alcoholism: Clinical and Experimental Research, 24*, 882–891. doi: 10.1111/j.1530-0277.2000.tb02069.x

Neuberger, O. (1974). *Theorien der Arbeitszufriedenheit.* Stuttgart, Deutschland: Kohlhammer.

Nicholls, J. G. (1978). The development of the concepts of effort and ability, perception of academic attainment, and the understanding that difficult tasks require more ability. *Child Development, 49*(3), 800–814. doi: 10.2307/1128250

Nicholls, J. G. (1979). Quality and equality in intellectual development: The role of motivation in education. *American Psychologist, 34,* 1071–1084. doi: 10.1037/0003-066X.34.11.1071

Nicholls, J. G. (1984). Achievement motivation: Conceptions of ability, subjective experience, task choice, and performance. *Psychological Review, 91,* 328–346. doi: 10.1037/0033– 295X.91.3.328

Nicholls, J. G., & Miller, A. T. (1985). Differentiation of the concepts of luck and skill. *Developmental Psychology, 21,* 76–82. doi: 10.1037/0012-1649.21.1.76

Nickel, H. (1981). Die Transaktionalität der Lehrer-Schüler-Beziehung und ihre Bedeutung für die Unterrichtspraxis. In A. Weber (Ed.), *Lehrerhandeln und Unterrichtmethode* (pp. 27–48). München, Deutschland: Wilhelm Fink.

Niemiec, C. P., & Ryan, R. M. (2009). Autonomy, competence, and relatedness in the classroom: Applying self-determination theory to educational practice. *Theory and Research in Education, 7,* 133–144. doi: 10.1177/1477878509104318

Oerter, R. & Montada, L. (Hrsg.) (2008). *Entwicklungspsychologie* (6. Aufl.). Weinheim, Deutschland: Beltz.

Ollendick, T. H., Weist, M. D., Borden, M. G., & Greene, R. W. (1992). Sociometric status and academic, behavioral, and psychological adjustment: A five-year longitudinal study. *Journal of Consulting and Clinical Psychology, 60,* 80–87. doi: 10.1037/0022-006X.60.1.80

Parsons, J. E., Adler, T. F., & Kaczala, C. M. (1982). Socialization of achievement attitudes and beliefs: Parental attitudes. *Child Development, 53,* 310–321. doi: 10.2307/1128973

Pajares, F. (1996). Self-efficacy beliefs in academic settings. *Review of Educational Research,* 66, 543–578. doi: 10.3102/00346543066004543

Pekrun, R. (1998). Schüleremotionen und ihre Förderung: Ein blinder Fleck der Unterrichtsforschung. *Psychologie in Erziehung und Unterricht, 45,* 230–248.

Peleg-Popko, O., & Klingman, A. (2002). Family environment, discrepencies between perceived actual and desirable environment, and children's test and trait anxiety. *British Journal of Guidance & Counselling, 30,* 451–466. doi: 10.1080/ 03069880210000025646

Perdue, N. H., Manzeske, D. P., & Estell, D. B. (2009). Predicting school commitment at grade five: Exploring the role of students' relationships with peers and teachers from grade three. *Psychology in the Schools, 46,* 1084–1097. doi: 10.1002/pits.20446

Petri, H. L., & Govern, J. M. (2004). *Motivation: Theory, research, and applications.* Belmont, CA: Wadsworth & Thomson Learning.

Pfaeffli, L. A., & Gibbons, S. L. (2010). Girls getting active: exploring a physical education program tailored to young women. *Physical & Health Education Academic Journal, 2*, 1–21.

Piaget, J. (1964). Cognitive development in children: Development and learning. *Journal of Research in Science Teaching, 2*, 176–186. doi: 10.1002/tea.3660020306

Pianta, R. C., Nimetz, S., & Bennett, E. (1997). Mother-child relationships, teacher-child relationships, and school outcomes in preschool and kindergarten. *Early Childhood Research Quarterly, 12*, 263–280. doi: 10.1016/S0885-2006(97)90003-X

Pianta, R. C., Hamre, B., & Stuhlman, M. (2003). Relationships between teachers and children. In W. Reynolds and G. Miller (Eds.), *Comprehensive handbook of psychology* (Vol. 7. Educational Psychology, pp. 199–234). Hoboken, NJ: Wiley.

Pintrich, P. R. (2000). An achievement goal theory perspective on issues in motivation terminology, theory, and research. *Contemporary Educational Psychology, 25*, 92–104. doi: 10.1006/ceps.1999.1017

Pintrich, P. R. (2003). A motivational science perspective on the role of student motivation in learning and teaching contexts. *Journal of Educational Psychology, 95*, 667–686. doi: 10.1037/0022-0663.95.4.667

Pintrich, P. R. & Schunk, D. (1996). *Motivation in Education: Theory, Research & Applications, Ch. 3.* Englewood Cliffs, NJ: Prentice-Hall

Preacher, K. J., & Hayes, A. F. (2008). Asymptotic and resampling strategies for assessing and comparing indirect effects in multiple mediator models. *Behavior Research Methods, 40*, 879–891.

Prenzel, M., Kristen, A., Dengler, P., Ettle, R., & Beer, T. (1996). Selbstbestimmt motiviertes und interessiertes Lernen in der kaufmännischen Erstausbildung. *Zeitschrift für Berufs- und Wirtschaftspädagogik, 13*, 108–127.

Pudelko, C. E., & Boon, H. J. (2014). Relations between teachers' classroom goals and values: A case study of High School teachers in far North Queensland, Australia. *Australian Journal of Teacher Education, 39*(8), 14–30. doi: 10.14221/ajte.2014v39n8.1

Radel, R., Sarrazin, P., Legrain, P., & Wild T. C. (2010). Social contagion of motivation between teacher and student: analyzing underlying processes. *Journal of Educational Psychology, 102*, 577–587. doi: 10.1037/a0019051

Rademacher, L., Schulte-Rüther, M., Hanewald, B., & Lammertz, S. (2017). Reward: From basic reinforcers to anticipation of social cues. In M. Wöhr & S. Krach (Eds.), *Social behavior from rodents to humans* (pp. 207–221). Heidelberg, Deutschland: Springer.

Raudenbush, S. W. (1984). Magnitude of teacher expectancy effects an pupil IQ as a function of the credibility of expectancy induction: A synthesis of findings from 18 experiments. *Journal of Educational Psychology, 7,* 85–97

Raufelder, D. (2007). *Von Machtspielen zu Sympathiegesten.* Marburg, Deutschland: Tectum.

Raufelder, D. (2014). Pubertät und Lernmotivation. *Lehren und Lernen, 40*(8/9), 16–21.

Raufelder, D., Bakadorova, O., Yalcin, S., Ilgun Dibek, M., & Yavuz, H. C. (2017). Motivational relations with peers and teachers among German and Turkish adolescents: A cross-cultural perspective. *Learning and Individual Differences, 55,* 13–20. doi: 10.1016/j.lindif.2017.02.004

Raufelder, D., Böhme, R., Romund, L., Golde, S., Lorenz, R., Gleich, T., & Beck, A. (2016). Does feedback-related brain response during reinforcement learning predict socio-motivational (in-)dependence in adolescence? *Frontiers in Psychology, 7,* 655. doi: 10.3389/fpsyg.2016.00655

Raufelder, D., & Bünger, S. (2014). Fungiert soziale Kompetenz als Mediator zwischen einem negativen Schüler-Schüler-Verhältnis und Leistungsmotivation bei adoleszenten Schülerinnen und Schülern? *Psychologie in Erziehung und Unterricht, 61*(4), 302–316. doi: 10.2378/peu2014.art24d

Raufelder, D., Bukowski, W. M., & Mohr, S. (2013). Thick description of the teacher-student relationship in the educational context of school: results of an ethnographic field study. *Journal of Education and Training Studies, 1,* 1–18. doi: 10.11114/jets.vli2.108

Raufelder, D., Drury, K., Jagenow, D., Hoferichter, F., & Bukowski, W. (2013). Development and validation of the Relationship and Motivation (REMO) scales to assess students' perceptions of peers and teachers as motivators in adolescence. *Learning and Individual Differences, 24,* 182–189. doi: 10.1016/j.lindif.2013.01.001

Raufelder, D., Jagenow, D., Drury, K., & Hoferichter, F. (2013). Social relationships and motivation in Secondary School: 4 different motivation types. *Learning and Individual Differences, 22,* 89–95. doi: 10.1016/j.lindif.2012.12.002

Raufelder, D., Regner, N., Drury, K., & Eid, M. (2016). Does self-determination predict the school engagement of four different motivation types in adolescence? *Educational Psychology, 36*(7), 1242–1263. doi: 10.1080/01443410.2015.1008405

Reber, A. S., & Reber, E. (2004). *Penguin Dictionary of Psychology.* London, UK: Penguin Books.

Reeve, J., Deci, E. L., & Ryan, R. M. (2004). Self-determination theory: a dialectical framework for understanding socio-cultural influences on student motivation. In D. M. McInerney & S. van Etten (Eds.), *Big theories revisited* (pp. 31–60). Greenwich, CT: Information Age.

Reeve, J. (1996). *Motivating others: Nurturing inner motivational resources.* Needham Heights, MA: Allyn & Bacon.

Régner, I., Loose, F., & Dumas, F. (2009). Students' perceptions of parental and teacher academic involvement: consequences on achievement goals. *European Journal of Psychology of Education 24*, 263–277, doi: 10.1007/BF03173016

Rheinberg, F. (1980). *Leistungsbewertung und Lernmotivation.* Göttingen, Deutschland: Hogrefe.

Rheinberg, F. (1995/2004). *Motivation.* Stuttgart, Deutschland: Kohlhammer.

Rheinberg, F. (2008). Bezugsnormen und die Beurteilung von Lernleistung. In W. Schneider & M. Hasselhorn (Eds.), *Handbuch Pädagogische Psychologie* (pp.178–186). Göttingen, Deutschland: Hogrefe.

Roeser, R. W., Midgley, C., & Urdan, T. C. (1996). Perceptions of the school psychological environment and early adolescents' psychological and behavioral functioning in school: the mediating role of goals and belonging. *Journal of Educational Psychology, 88*, 408–422. doi: 10.1037/0022-0663.88.3.408

Roeser, R. W., & Eccles, J. S. (1998). Adolescents' perceptions of middle school: Relation to longitudinal changes in academic and psychological adjustment. *Journal of Research on Adolescence, 8*, 123–158. doi: 10.1207/s15327795jra0801_6

Rohrbeck, C. (2003). Peer relationships, adolescence. In T. P. Gullotta, M. Bloom, J. Kotch, C. Blakely, L. Bond, G. Adams, C. Browne, W. Klein & J. Ramos (Eds.), *Encyclopedia of Primary Prevention and Health Promotion* (pp. 808–812). New York, NY: Springer.

Rosato, N. S., & Baer, J. C. (2012). Latent class analysis: a method for capturing heterogeneity. *Social Work Research, 36*, 61–69. doi: 10.1093/swr/svs006

Rosenstiel, L. (2001). *Motivation im Betrieb. Mit Fallstudien aus der Praxis* (10. überarb. u. erw. Aufl.). Leonberg, Deutschland: Rosenberger Fachverlag.

Rosenthal, R., & Jacobson, L (1966). Teachers' expectancies: Determinants of pupils' IQ gains. *Psychological Reports, 19*, 115–118. doi: 10.2466/pr0.1966.19.1.115

Rosenthal, R., & Jacobson, L. (1968). *Pygmalion in the classroom: Teacher expectation and pupils' intellectual development.* New York, NY: Holt, Rinehart & Winston.

Roth, G., Assor, A., Kanat-Maymon, Y., & Kaplan, H. (2007). Autonomous motivation for teaching: How self-determined teaching may lead to self-determined learning. *Journal of Educational Psychology, 99*, 761–774. doi: 10.1037/0022-0663.99.4.761

Rudolph, U. (2003). *Motivationspsychologie.* Weinheim, Deutschland: Beltz.
Ryan, R. M. (1995). Psychological needs and the facilitation of integrative processes. *Journal of Personality, 63*, 397–427. doi: 10.1111/j.1467-6494.1995.tb00501.x
Ryan, R. M. (2001). The peer group as a context for the development of young adolescent motivation and achievement. *Child Development, 72*, 1135–1150. doi: 10.1111/1467-8624.00338
Ryan, R. M. & Deci, E. (2000a). Intrinsic and extrinsic motivations: Classic definitions and new directions. *Contemporary Educational Psychology, 24*, 54–67. doi: 10.1006/ceps.1999.1020
Ryan, R. M., & Deci, E. L. (2000b). Self-determination theory and the facilitation of intrinsic motivation, social development, and well-being. *American Psychologist, 55*, 68–78. doi: 10.1037/0003-066X.55.1.68
Ryan, R. M. & Stiller, J. (1991). The social contexts of internalization: parent and teacher influence on autonomy, motivation, and learning. In P. R. Pintrich & M. L. Maehr (Eds.), *Advances in motivation and achievement: goals and self-regulatory processes* (pp. 115–149). Greenwich, CT: JAI.
Saha, J. (2006). *Management and organizational behavior.* New Delhi, Indien: Excel.
Salancik, G. R., & Pfeffer, J. (1977). 'Who gets power and how they hold on to it: A strategic contingency model of power'. *Organizational Dynamics, 5*, 3–21.
Savin-Williams, R. C., & Berndt, T. (1990). Friendship and peer relations. In S. Feldmann & G. R. Elliot (Eds.), *At the threshold: The developing adolescent* (pp. 277–307). Cambridge, MA: Harvard.
Schlag, B. (1995). *Lern- und Leistungsmotivation.* Opladen, Deutschland: Leske & Budrich.
Schlag, B. (2013). *Lern- und Leistungsmotivation* (4. überarbeitete und aktualisierte Auflage). Opladen, Deutschland: Leske & Budrich.
Schmidt-Denter, U. (2005). *Soziale Beziehungen im Lebenslauf.* Weinheim, Deutschland: Beltz.
Schneider, K. (1973). *Motivation unter Erfolgsrisiko.* Göttingen, Deutschland: Hogrefe.
Schneider, K. (1978). Die Wirkung von Erfolg und Mißerfolg auf die Leistung in Intelligenztestaufgaben bei unterschiedlichem Leistungsmotiv. *Psychologische Beiträge, 21*, 261–276.
Schneider, K., & Heggemeier, D. (1978). Die Wirkung von Erfolg und Mißerfolg auf die Güte- und Mengenleistung bei motorischen Aufgaben in Abhängigkeit von der überdauernden Leistungsmotivation. *Zeitschrift für Experimentelle und Angewandte Psychologie, 15*, 291–301.

Schneider, K., & Kreuz, A. (1979). Die Effekte unterschiedlicher Anstrengung auf die Mengen- und Güteleistung bei einer einfachen und schweren Zahlensymbolaufgabe. *Psychologie und Praxis, 23*, 34–42.

Schneider, K., & Schmalt, H.-D. (2000). *Motivation.* Stuttgart, Deutschland: Kohlhammer.

Schultz, W. (1998). Predictive reward signal of dopamine neurons. *Journal of Neurophysiology, 80*(1), 1–27.

Schulz, R., & Heckhausen, J. (1996). A life-span model of successful aging. *American Psychologist, 51,* 702–714. doi: 10.1037/0003-066X.51.7.702

Schuster, J. (2017). *Pädagogische Psychologie: Lernen, Motivation und Umgang mit Auffälligkeiten.* Heidelberg, Deutschland: Springer.

Schweder, S. (2015). Selbständiges Lernen als schulisches Prinzip. Erfahrungen von Lehrern und Schülern mit Forschendem Lernen. *Pädagogik, 28*, 26–31.

Seamans, J. K., & Yang, C. R. (2004). The principal features and mechanisms of dopamine modulation in the prefrontal cortex. *Progress in Neurobiology, 74*(1), 1–58. doi: 10.1016/j.pneurobio.2004.05.006

Seidel, T., Prenzel, M., Rimmele, R., Dalehefte, I. M., Herweg, C., Kobarg, M., & Schwindt, K. (2006). Blicke auf den Physikunterricht. Ergebnisse einer IPN Videostudie. *Zeitschrift für Pädagogik, 52*, 799–821.

Shadach, E., & Ganor-Miller, O. (2013). The role of perceived parental over-involvement in student test anxiety. *European Journal of Psychology of Education, 28*, 585–596. doi: 10.1007/ s10212-012-0131-8

Simons-Morton, B., & Chen, R. (2009). Peer and parent influences on school engagement among early adolescents. *Youth & Society, 41*, 3–25. doi: 10.1177/0044118X09334861

Skinner, E. A., & Belmont, M. J. (1993). Motivation in the classroom: reciprocal effects of teacher behavior and student engagement across the school year. *Journal of Educational Psychology, 85*, 571–581. doi: 10.1037/0022-0663.85.4.571

Skinner, E. A., Furrer, C., Marchand, G., & Kindermann, T. (2008). Engagement and disaffection in the classroom: Part of a larger motivational dynamic? *Journal of Educational Psychology, 100*, 765–781. doi: 10.1037/a0012840

Smart, J. B. (2014). A mixed methods study of the relationship between student perceptions of teacher-student interactions and motivation in middle level science. *RMLE Online, 38*(4), 1–19.

Soenens, B., & Vansteenkiste, M. (2005). Antecedents and outcomes of self-determination in 3 life domains: The role of parents' and teachers' autonomy support. *Journal of Youth and Adolescence, 34*, 589–604. doi: 10.1007/s10964-005-8948-y

Spinath, B., Stiensmeier-Pelster, J., Schoene, C., & Dickhaeuser, O. (2002). *Skalen zur Erfassung von Lern- und Leistungsmotivation (SELLMO).* Göttingen, Deutschland: Hogrefe.

Standage, M., Duda, J. L., & Ntoumanis, N. (2006). Students' motivational processes and their relationship to teacher ratings in school physical education: A self-determination theory approach. *Research Quarterly for Exercise and Sport, 77*, 100–110.

Stanovich, K. E. (2009). *What intelligence tests miss: The psychology of rational thought.* New Haven, CT: Yale University Press.

Stapf, K. H., Herrmann, Th., Stapf, A., & Staecker, K. (1972). *Psychologie des elterlichen Erziehungsstils.* Stuttgart, Deutschland: Klett.

Sternberg, R. (1994). *In search of the human mind* (395–396). New York, NY: Harcourt Brace.

Stipek, D. J. (1988). *Motivation to learn: From theory to practice.* Englewood Cliffs, NJ: Prentice Hall.

Stipek, D. J. (1995). Effects of different instructional approaches on young children. *Child Development, 66*, 209–223. doi: 10.2307/1131201

Stipek, D. J. (2004). Teaching practices in kindergarten and first grade: different strokes for different folks. *Early Childhood Research Quarterly, 19*, 548–568. doi: 10.1016/j.ecresq.2004.10.010

Stipek, D. J., Recchia, S. & McClintic, S. (1992). Self-evaluation in young children. *Monographs of the Society for Research in Child Development, 57*, 1–95.

Strathearn, L. (2011). Maternal neglect: Oxytocin, dopamine and the neurobiology of attachment. *Journal of Neuroendocrinology, 23*(11), 1054–1065. doi: 10.1111/j.1365-2826.2011.02228.x

Szirmak, Z. (2005). *The Big Five Model of personality and primary prevention in adolescence.* Berlin, Deutschland: Freie Universität Berlin.

Tausch, R., & Tausch, A.-M. (1998). *Erziehungspsychologie* (11. Auflage). Göttingen, Deutschland: Hogrefe.

Thompson, T. (1993). Characteristics of self-worth protection in achievement behavior. *British Journal of Educational Psychology,* 63, 469–488. doi: 10.1111/j.2044-8279.1993.tb01072.x

Thompson, T. (1994). Self-worth protection: implications for the classroom. *Educational Review,* 46, 259–274. doi: 10.1080/0013191940460304

Tolman, E. C. (1923). The nature of instinct. *Psychological Bulletin, 20*, 200–218. doi: 10.1037/h0063748

Tresch, O. M., & Bub, K. L. (2011). Child care and schools. In M. K. Underwood & L. H. Rosen (Eds.), *Social Development: relationships in infancy, childhood, and adolescence* (pp. 347–371). New York, NY: Guilford.

Trudewind, C., Brunger, T., & Krieger, K. (1986). Parental expectations and the development of achievement motivation. In J. H. L. Van den Bercken, E. E. J. De Bruyn & T. C. M. Bergens (Eds.), *Achievement and task motivation* (pp. 179–200). Lisse, The Netherlands: Swets & Zeitlinger.

Tsai, Y., Kunter, M., Lüdtke, O., Trautwein, U., & Ryan, R. M. (2008). What makes lessons interesting? The role of situational and individual factors in three school subjects. *Journal of Educational Psychology, 100*, 460–472. doi: 10.1037/0022-0663.100.2.460

Urdan, T. C., & Maehr, M. L. (1995). Beyond a two goal theory of motivation and achievement: A case for social goals. *Review of Educational Research, 65*(3), 213–242. doi: 10.3102/00346543065003213

Urdan, T. C., & Turner, J. C. (2005). Competence motivation in the classroom. In A. J. Elliot & C. Dweck (Eds.), *Handbook of competence and motivation* (pp. 297–317). New York, NY: Guilford Press.

Urdan, T. C., & Schoenfelder, E. (2006). Classroom effects on student motivation: Goal structures, social relationships, and competence beliefs. *Journal of School Psychology, 44*, 331–349. doi: 10.1016/j.jsp.2006.04.003

Urhahne, D. (2008). Sieben Arten der Lernmotivation. Ein Überblick über zentrale Forschungskonzepte. *Psychologische Rundschau, 59*, 150–166. doi: 10.1026/0033-3042.59.3.150

Utman, C. H. (1997). Performance effects of motivational state: A meta-analysis. *Personality and Social Psychology Review, 1*, 170–182. doi: 10.1207/s15327957pspr0102_4

Vallerand, R. J., Fortier, M. S., & Guay, F. (1997). Self-determination and persistence in a real-life setting: Toward a motivational model of high school dropout. *Journal of Personality and Social Psychology, 72*, 1161–1176. doi: 10.1037/0022-3514.72.5.1161

van Raaij, W. F., & Wandwossen, K. (1978). Motivation-need theories and consumer behavior. *Consumer Research, 5*, 590–595.

van Schouwenburg, M., Aarts, E., & Cools, R. (2010). Dopaminergic modulation of cognitive control: Distinct roles for the prefrontal cortex and the basal ganglia. *Current Pharmaceutical Design, 16*, 2026–2032. doi: 10.2174/1381612107912 1212 93097

von Eye, A. (2010). Developing the person-oriented approach – Theory and methods of analysis. *Development and Psychopathology*, *22*, 277–285. doi: 10.1027/0044-3409/a000024

von Eye, A., & Bogat, G. A. (2006). Person orientation – concepts, results and development. *Merrill Palmer Quarterly, 52*, 390–420. doi: 10.1353/mpq.2006.0032

von Eye, A., & Spiel, C. (2010). Conducting person-oriented research. *Zeitschrift für Psychologie, 218*, 151–154. doi: 10.1027/00443409/a000024

Vroom, V.H. (1964). *Work and motivation.* New York, NY: Wiley.
Wahba, M. A., & Bridwell, L. G. (1976). Maslow reconsidered: A review of research on the need hierarchy theory. *Organizational Behavior and Human Performance, 15*, 212–240. doi: 10.1016/0030-5073(76)90038-6
Wang, M. T., & Eccles, J. S. (2012). Social support matters: Longitudinal effects of social support on three dimensions of school engagement from middle to high school. *Child Development, 83*, 877–895. doi: 10.1111/j.1467-8624.2012.01745.x
Watson, J. B., & McDougall, W. (1929). *The battle of behaviorism: An exposition and an exposure.* New York, NY: Norten.
Watt, H. M. G. (2004). Development of adolescents' self-perceptions, values and task perceptions according to gender and domain in 7th- through 11th- grade Australian students. *Child Development, 7*, 1556–1574. doi: 10.1111/j.1467-8624.2004.00757.x
Waugh, R. F. (2002). Creating a scale to measure motivation to achieve academically: Linking attitudes and behaviours using Rasch measurement. *British Journal of Educational Psychology, 72,* 65–86. doi: 10.1348/000709902158775
Weiner, B. (1972). *Theories of motivation.* Chicago, IL: Markham.
Weiner, B. (1985). An attributional theory of achievement motivation and emotion. *Psychological Review*, 92, 548–573. doi: 10.1037/0033-295X.92.4.548
Weiner, B. (1986). *An Attributional theory of motivation and emotion.* New York, NY: Springer.
Weiner, B., Frieze, I. H., Kukla, A., Reed, L., Rest, S., & Rosenbaum, R. M. (1971). *Perceiving the causes of success and failure.* Morristown, NJ: General learning Press.
Weiner, B., Nierenberg, R., & Goldstein, M. (1976). Social learning (locus of control) versus attributional (casual stability) interpretations of expectancy of success. *Journal of Personality, 44*(1), 52–68. doi: 10.1111/1467-6494.ep7379253
Wellenreuther, M. (2007). *Lehren und Lernen – aber wie?* Hohengehren, Deutschland: Schneider.
Wentzel, K. R. (1991). Relations between social competence and academic achievement in early adolescence. *Child Development, 62*, 1066–1078. doi: 10.1111/j.1467-8624.1991.tb01589.x
Wentzel, K. R. (1996). Social goals and social relationships as motivators of school adjustment. In J. Juvonen & K. Wentzel (Eds.), *Social Motivation – Understanding children's school adjustment* (pp. 226–247). Cambridge, NY: Cambridge University Press.

Wentzel, K. R. (1997). Student motivation in middle school: The role of perceived pedagogical caring. *Journal of Educational Psychology, 89,* 411–419. doi: 10.1037/0022-0663.89.3.411

Wentzel, K. R. (1998). Social relationships and motivation in middle school: the role of parents, teachers and peers. *Journal of Educational Psychology, 90,* 202–209. doi: 10.1037/0022-0663.90.2.202

Wentzel, K. R. (2005). Peer relationships, motivation, and academic performance at school. In A. J. Elliot & C. S. Dweck (Eds.), *Handbook of competence and motivation* (pp. 279–296). New York, NY: Guilford.

Wentzel, K. R. (2009a). Students' relationships with teachers as motivational contexts. In K. R. Wentzel & A. Wigfield (Eds.), *Handbook of Motivation at School* (pp. 301–322). New York, NY: Routledge.

Wentzel, K. R. (2009b). Peer relationships and motivation at school. In K. Rubin, W. M. Bukowski & B. Laursen (Eds.), *Handbook of Peer Interactions, Relationships, and Groups* (pp. 531–547). New York, NY: Guilford.

Wentzel, K. R., & Asher, S. R. (1995). The academic lives of neglected, rejected, popular, and controversial children. *Child Development, 66,* 754–763. doi: 10.1111/j.1467-8624.1995.tb00903.x

Wentzel, K. R., Baker, S. A., & Russell, S. L. (2012). Young adolescents' perceptions of teachers' and peers' goals as predictors of social and academic goal pursuit. *Applied Psychology, 61*(4), 605–633. doi: 10.1111/j.1464-0597.2012.00508.x

Wentzel, K. R., & Battle, A. A. (2001). Social relationships and school adjustment. In T. Urdan, & F. Pajares (Eds.), *Adolescence and education* (pp. 93–118). Greenwich, CT: Information Age Publishing.

Wentzel, K. R., Battle, A., Russell, S. L., & Looney, L. B. (2010). Social supports from teachers and peers as predictors of academic and social motivation. *Contemporary Educational Psychology, 35,* 193–202. doi: 10.1016/j.cedpsych.2010.03.002

Wentzel, K. R., Donlan, A., & Morrison, D. (2012). Peer relationships and social motivational processes. In A. M. Ryan & G. W. Ladd (Eds.), *Peer Relationships and Adjustment at School* (pp. 79–107). Charlotte, NC: Information Age.

Wentzel, K. R., & Wigfield, A. (1998). Academic and social motivational influences on students' academic performance. *Educational Psychology Review, 10*(2), 155–175. doi: 10.1023/A:1022137619834

White, R. W. (1959). Motivation reconsidered the concept of competence. *Psychological Review, 66,* 297–333.

Wigfield, A., Eccles, J. S., & Rodriguez, D. (1998). The development of children's motivation in school contexts. In P.D. Pearson & A. Iran-Nejad

(Eds.), *Review of research in education* (Vol. 23, pp. 73–118). Washington, DC: American Educational Research Association.

Wigfield, A., & Eccles, J. S. (2000). Expectancy-value theory of motivation. *Contemporary Educational Psychology, 25*, 68–81. doi: 10.1006/ceps.1999.1015

Wigfield, A., & Eccles, J. S. (Eds.) (2002). *Development of achievement motivation*. San Diego, CA: Academic Press.

Wigfield, A., & Eccles, J. S. (2002). The development of competence beliefs and values from childhood through adolescence. In A. Wigfield & J. S. Eccles (Eds.), *Development of achievement motivation* (pp. 92–120). San Diego, CA: Academic Press.

Wild, E., & Möller, J. (Hrsg.) (2009). *Pädagogische Psychologie*. Heidelberg, Deutschland: Springer.

Winkel, S., & Petermann, F. (2007). Assessment in achievement motivation. In P. R. Zelick (Ed.), *Issues in the Psychology of Motivation* (pp. 23–40). New York, NY: Nova Science Publishers.

Winter, D. G. (2002a). Motivation and political leadership. In L. Valenty & O. Feldman (Eds.), *Political leadership for the new century: Personality and behavior among American leaders* (pp. 25–47). Westport, CT: Praeger.

Winter, D. G. (2002b). The motivational determinants of leadership: Power, achievement, and affiliation. In R. E. Riggio, S. E. Murphy & F. J. Pirozzolo (Eds.), *Multiple intelligences and leadership* (pp. 119–138). Mahwah, NJ: Erlbaum.

Wolfensteller, U., & Ruge, H. (2012). Frontostriatal mechanisms in instruction-based learning as a hallmark of flexible goal-directed behavior. *Frontiers in Psychology, 3*, 192. doi: 10.3389/fpsyg.2012.00192

Woolfolk, A. (2001). *Educational Psychology*, 8th edition. Boston, MA: Allyn and Bacon.

Woolfolk, A., Winne, P. H., & Perry, N. E. (2006). *Educational Psychology* (3rd Canadian ed.). Toronto, Canada: Pearson.

Yerkes, R. M., & Dodson, J. D. (1908). The relation of strength of stimulus to rapidity of habit-formation. *Journal of Comparative Neurology and Psychology, 18*, 459–482. doi: 10.1002/cne.920180503

Zimmer-Gembeck, M. J., Chipuer, H. M., Hanisch, M., Creed, P. A., & McGregor, L. (2006). Relationships at school and stage-environment fit as resources for adolescent engagement and achievement. *Journal of Adolescence, 29*, 911–933. doi: 10.1016/j.adolescence.2006.04.008

Zinnecker, J., Behnken, I., Maschke, S., & Stecher, L. (2003). *Null zoff & voll busy. Die erste Jugendgeneration des neuen Jahrhunderts.* Opladen, Deutschland: Leske & Budrich.

Zusho, A., & Pintrich, P.R. (2001). Motivation in the second decade of life. In T. Urdan & F. Pajares (Eds.), *Adolescence and Education* (pp. 163–200). Greenwich, CT: Information Age Publishing.